ÁFRICA
BRASIL

SERVIÇO SOCIAL DO COMÉRCIO
Administração Regional no Estado de São Paulo

Presidente do Conselho Regional
Abram Szajman
Diretor Regional
Danilo Santos de Miranda

Conselho Editorial
Ivan Giannini
Joel Naimayer Padula
Luiz Deoclécio Massaro Galina
Sérgio José Battistelli

Edições Sesc São Paulo
Gerente Iã Paulo Ribeiro
Gerente adjunta Isabel M. M. Alexandre
Coordenação editorial Jefferson Alves de Lima, Clívia Ramiro, Cristianne Lameirinha, Francis Manzoni
Produção editorial Rafael Fernandes Cação
Coordenação gráfica Katia Veríssimo
Produção gráfica Fabio Pinotti, Ricardo Kawazu
Coordenação de comunicação Bruna Zarnoviec Daniel

ÁFRICA BRASIL

Um dia Jorge Ben voou para toda a gente ver

Kamille Viola

edições sesc

Lauro Lisboa Garcia (org.)

© Kamille Viola, 2020
© Edições Sesc São Paulo, 2020
Todos os direitos reservados

1ª impressão, 2022

Preparação
Leandro Rodrigues

Revisão
Richard Sanches, Sílvia Balderama Nara

Capa e identidade visual
Érico Peretta

Projeto gráfico e diagramação
fkeditorial

Dados Internacionais de Catalogação na Publicação (CIP)

V811a   Viola, Kamille

        África Brasil: um dia Jorge Ben voou para toda a gente ver / Kamille Viola. – São Paulo: Edições Sesc São Paulo, 2020. –

        176 p. – (Discos da Música Brasileira).

        ISBN 978-65-86111-17-0

        1. Música brasileira. 2. Discos da música brasileira. 3. Disco África Brasil. 4. Jorge Ben. 5. Jorge Ben Jor. 6. Samba-rock. 7. Tropicália. I. Título. II. Subtítulo. III. Discos da Música Brasileira. IV. Ben, Jorge. V. Ben Jor, Jorge.

        CDD 780.981

Ficha catalográfica elaborada por Maria Delcina Feitosa CRB/8-6187

Edições Sesc São Paulo
Rua Serra da Bocaina, 570 – 11º andar
03174-000 – São Paulo SP Brasil
Tel. 55 11 2607-9400
edicoes@sescsp.org.br
sescsp.org.br/edicoes
/edicoessescsp

Ao Gilberto,
com quem compartilho sonhos.

AGRADECIMENTOS

A todos que de alguma forma contribuíram para que este livro se tornasse realidade. A Lauro Lisboa e Jefferson Alves de Lima, pelo convite para participar da coleção. A Chris Fuscaldo, Danilo Cabral e Flavia Lacerda, Elisa Eisenlohr, Jeza da Pedra, João Fernando, Lívia Breves, Luciano Paulo, Maria Vargas, Nina Mansur, Pedro Só, Renato Vieira, Silvio Essinger e todos os entrevistados: BNegão, Dadi Carvalho, Gustavo Schroeter, João Roberto Vandaluz Jr., Joãozinho da Percussão, Jorge du Peixe, Lúcio Maia, Luiz Antonio Simas, Mano Brown, Marcelo D2, Marcos Queiroz, Mazzola, Neném e Zico. Ao meu amor, Gilberto Porcidonio; à minha mãe, Suely Viola; a meus irmãos, Mario Viola e Breno Viola, e minhas cunhadas, Danielle da Costa Leite Borges e Samanta Quadrado; a meu tio e padrinho Silvio Viola; à minha avó, Conchetta Viola; aos queridos Jorge dos Santos, Elza Porcidonio e Geise Porcidonio, família que ganhei de presente; aos amigos Bárbara Lopes, Fred Leal (*in memoriam*), Karla Rondon Prado, Luciana Avanci, Maria Amália Cursino, Maria Claudia Pompeo e Paula Maia. A São Jorge e a São Judas Tadeu. E a Jorge Ben, pela magnífica obra com a qual nos presenteou.

*Gostaria de ser muitas pessoas, mas
Jorge é quem mais gostaria de ser.*

Gilberto Gil

SUMÁRIO

APRESENTAÇÃO
  Danilo Santos de Miranda 10

PREFÁCIO
  Lauro Lisboa Garcia 14

INTRODUÇÃO 20

_1 O BOB MARLEY BRASILEIRO 28

_2 A HISTÓRIA DE JORGE 40

_3 OS ALQUIMISTAS ESTÃO CHEGANDO 76

_4 *ÁFRICA BRASIL*, O DISCO 98

_5 TAJ MAHAL 122

_6 ALQUIMIA, FUTEBOL, AMOR E OUTROS BARATOS DO UNIVERSO MEDIEVAL DE JORGE 128

_7 NEGRO É LINDO 140

_8 O LEGADO: PALAVRAS DE REI 156

FICHA TÉCNICA DO DISCO 170

BIBLIOGRAFIA 173

SOBRE A AUTORA 175

Apresentação

Como expressão artística e forma de conhecimento, a música oferece campo fecundo à observação do homem, seu tempo e imaginário. Vasto território de experiências, que vão dos cantos dos povos nativos às composições sacras e de concerto, à modinha, ao lundu, ao maxixe e ao choro, passando pelo samba, a bossa nova, o baião e o xote até o pop, o rock e a eletrônica, a criação musical se mostra como manifestação cultural das mais férteis, presentes e marcantes da vida no Brasil.

Amparado em histórias, heranças e universos simbólicos de diferentes povos que aqui se encontraram, o gosto pela música se refletiu no interesse com que a vida moderna e urbana do país recebeu invenções como o disco e o rádio. Era a época em que cantores, cantoras e instrumentistas de todos os estilos passavam ao posto de ídolos populares e jovens compositores criavam canções e marchinhas que atravessariam os tempos.

Esse curso da criação musical é o que orienta a presente coleção Discos da Música Brasileira. A série, organizada pelo jornalista e crítico Lauro Lisboa Garcia, apresenta em cada volume a história de um álbum que marcou a produção nacional, seja pela estética, por questões sociais e políticas, pela influência sobre o comportamento do público, seja como representante de novidades no cenário artístico e em seu alcance comercial.

Neste volume, o álbum visitado é *África Brasil*, de Jorge Ben. No livro, a jornalista Kamille Viola entrevista músicos, produtores e até craques de futebol como Zico para recontar a história e os bastidores do disco e da vida desse que é um dos maiores representantes da música popular brasileira.

Pautando-se por uma linguagem clara e direta, a coleção Discos da Música Brasileira se desenvolve a partir de uma perspectiva que contempla a valorização da memória musical na mesma medida em que busca observar os ecos e as reverberações daquelas criações na produção atual.

Danilo Santos de Miranda
Diretor do Sesc São Paulo

Prefácio

Toda a música popular do mundo no século XX vem de matrizes africanas. Um dos mais significativos e originais herdeiros da diáspora surgidos no Brasil na metade desse século é Jorge Ben (que depois renomeou a si mesmo como Jorge Ben Jor). Trilhando diversas tendências, sem perder suas características essenciais, Jorge tangenciou e de alguma forma influenciou ou trocou impressões com movimentos associados à juventude e à inovação sonora, como a bossa nova, o tropicalismo e a jovem guarda. Dando uma feição própria à sonoridade e à batida típica do violão bossa-novista, destacou-se, com seu "samba esquema novo", da geração que mais bebeu da fonte de João Gilberto; abraçou o rock e o soul e entrelaçou pontos divergentes entre esses movimentos, que desaguariam no movimento musical libertário da tropicália.

É figura marcante para os adeptos do samba-rock (ou sambalanço), do funk-soul brasileiro, tem toneladas de peso no traço dos pernambucanos do manguebeat e continua presente no universo do hip hop. São inúmeras as façanhas de um mestre que ao longo dos anos conseguiu renovar seu público com o teor alegre e dançante de suas criações.

Contribuição igualmente importante de Jorge Ben, já no final da década de 1960, foi sua participação na consagração da bandeira do orgulho afro-brasileiro. Teve a companhia de nomes como Wilson Simonal (o coautor de "Tributo a Martin Luther King" deu voz a um dos maiores êxitos de Jorge, "País tropical", e foi uma das vítimas mais notórias de racismo no meio artístico brasileiro) e ganhou reforço com seu amigo e compadre sonoro Tim Maia. Contou ainda com muitos porta-vozes e entusiastas de sua musicalidade, seu senso rítmico e seu romantismo sensual, como Caetano Veloso, Gilberto Gil, Mutantes e Elis Regina.

A primeira fase de sua discografia, que compreende o período em que era contratado da gravadora Philips e que vai da pós-bossa nova à era da disco music, traz títulos imprescindíveis, como a sensacional estreia com *Samba esquema novo* (1963), *Jorge Ben* (1969, com a influência dos tropicalistas notória até na capa), *Negro é lindo* (1971), *Ben* (1972), *A tábua de esmeralda* (1974), *Solta o pavão* (1975) e *África Brasil* (1976).

Nesse meio-tempo houve o encontro dele com Gilberto Gil, que gerou *Gil e Jorge: Ogum Xangô* (1975), uma sessão antológica de improviso de vozes e violões em álbum duplo. Gil, que sempre afirmou ter passado por grande transformação em seu ofício a partir de *Samba esquema novo*, reconheceu que Jorge "elaborou o afro-brasileirismo tão decantado dali em diante, que deu em todas essas correntes novas de música no Brasil"[1]. Quando Gil montou o trampolim para o salto do preto pobre em sua não menos brilhante *Refavela* (1977), criou um interessante diálogo com *África Brasil*. Ao lado do movimento Black Rio, que estava em evidência em meados dos anos 1970, esses álbuns se tornaram os novos e mais fortes marcos da afirmação da cultura afro-brasileira por meio da música, cuja pedra fundamental Jorge já fincara com *Negro é lindo*. Não por acaso, uma das canções de maior destaque de *África Brasil* é a regravação de "Zumbi", lançada em *A tábua de esmeralda* com sonoridade mais acústica.

A partir desse álbum – escolhido para ser o terceiro título da coleção Discos da Música Brasileira (Histórias e Bastidores de Álbuns Antológicos) –, Jorge trocou definitivamente o violão pela guitarra elétrica. Trata-se do terceiro título de sua trilogia alquímica, considerado por muitos seu último grande disco. É um dos grandes clássicos da música brasileira, celebrado pela crítica nacional e internacional. Um dos álbuns mais incensados em listas e verbetes de publicações de referência, como da revista americana *Rolling Stone*, o guia virtual *All Music* e o livro *1001 discos para ouvir antes de morrer*.

Inclassificável e envolto em mistérios gloriosos e luminosos, o "papa do suingue", com seu canto às vezes quase falado, constitui um movimento estético à parte na história da música preta brasileira e de qualquer gênero, nacionalidade e época, cuja sonoridade é considerada por Gil como "a que mantém

---

[1] Gilberto Gil, "'Após ouvir Jorge Ben, senti que não precisava mais compor', diz Gilberto Gil", *Folha de S.Paulo*, 21 abr. 2018, disponível em: <https://www1.folha.uol.com.br/ilustrissima/2018/04/apos-ouvir-jorge-ben-senti-que-nao-precisava-mais-compor-diz-gilberto-gil.shtml>, acesso em: jul. 2020.

elementos mais nítidos da complexidade negra na formação da música brasileira"[2].

A jornalista carioca Kamille Viola, inspirada e estimulante conhecedora da obra de Jorge Ben, vai a fundo em sua expedição para trazer à tona alguns elementos fundamentais da musicalidade de Jorge aprimorados nesse álbum: a influência muçulmana ancestral e a alquimia. Evoca também tudo o que reverbera dessa musicalidade em seus descendentes artísticos, como o baixista Dadi (músico igualmente multifacetado, que integrou os Novos Baianos, tocou com Caetano Veloso, Marisa Monte e Tribalistas, entre outros), o guitarrista Lúcio Maia (da Nação Zumbi) e o rapper paulistano Mano Brown (líder dos Racionais MC's, o mais importante grupo do gênero do Brasil), em depoimento comovente. Salve, Jorge!

Lauro Lisboa Garcia

---

2 Marco Aurélio Luz, entrevista com Gilberto Gil, *Revista de Cultura Vozes*, v. 71, n. 9, nov. 1977.

Introdução

Quiseram os deuses (astronautas?) que em janeiro de 2008 eu me sentasse ao lado de Jorge Ben (já rebatizado de Jorge Ben Jor, com algumas versões diferentes contadas ao longo do tempo pelo próprio para a mudança de nome artístico) em um desfile de moda e, assim, conhecesse um dos artistas que mais admirava. Graças a meu trabalho como repórter em um dos principais jornais do Rio de Janeiro, tive a chance de esbarrar com ele algumas vezes e passar a ter algum acesso a um artista que, com o tempo, foi se tornando cada vez mais difícil para a imprensa.

Naquela época, ele vivia entre os Estados Unidos – onde até hoje mora sua família – e o Brasil, e marcava presença em muitos eventos sociais no Rio. Volta e meia o víamos em prêmios de música, festas, camarotes de carnaval e no Corujão da Poesia, sarau que acontecia da meia-noite a altas horas da madrugada e alternava apresentações musicais e leitura de poemas, uma combinação perfeita para Jorge Ben, notívago e apaixonado por literatura.

Numa dessas ocasiões, presenciei o artista posando para a capa de uma revista às 4h30 da manhã. O repórter tinha feito parte da entrevista na ponte aérea Rio-São Paulo, já que Jorge estava cada vez mais escorregadio com jornalistas. As noites no Corujão invariavelmente terminavam na padaria Rio-Lisboa, clássico da boemia carioca, onde o artista pedia um pão na chapa com dois ovos fritos.

Àquela altura, ele já me reconhecia, bem como à minha editora na época, minha amiga Karla Rondon Prado. Com alguma proximidade, resolvemos nos arriscar a pôr em prática um plano ambicioso: escrever a biografia autorizada do cantor e compositor. Conversamos com uma grande editora, que se interessou pelo projeto, mas impôs uma condição: era preciso ter autorização do próprio artista. Em 2007, Roberto Carlos havia proibido uma biografia à qual o autor tinha se dedicado por 15 anos. Os exemplares tiveram de ser recolhidos. Ninguém queria correr esse risco com outro projeto.

Tentamos obtê-la durante alguns anos com o próprio Jorge, que se mostrava ao mesmo tempo simpático e arredio à ideia. Gostava de nós e dava a entender que autorizaria, mas mudava de semblante quando falávamos em entrevistar sua família. Começamos a realizar uma pesquisa prévia. Nesse meio-tempo, em 2011, ele chegou a me conceder uma entrevista para o jornal em que eu trabalhava na época. Foi durante um almoço no restaurante do Copacabana Palace, onde gostava de se hospedar de tempos em tempos – e onde mora atualmente, como revelado pela imprensa em 2019[3]. Disse que estava ensaiando um show com o repertório de *A tábua*

---

[3] "Jorge Ben Jor se muda para hotel de luxo no Rio", *O Dia*, coluna Fábia Oliveira, 9 maio 2019.

de esmeralda, uma campanha de produtores fãs do artista na época, mas infelizmente o projeto nunca chegou a se concretizar.

Depois de algum tempo tentando obter uma resposta, entramos em contato com seu empresário à época, algo que inicialmente a editora queria que evitássemos. Ele apoiou a ideia, mas disse que não trabalhava mais com o artista, e nos passou o contato da esposa de Jorge, Domingas, e do filho mais velho, Tomaso. Eles foram educados, mas gentilmente negaram nosso pedido.

Guardei durante muito tempo a frustração de não poder transformar em livro aqueles anos de pesquisa. O Brasil era um dos poucos países do mundo a restringir a publicação de biografias, ao lado apenas de Irã, China, Cuba, Rússia, Sudão, Zimbábue, Síria e Arábia Saudita. Apesar dos esforços em contrário de muitos grandes nomes da música, em 2015 o Supremo Tribunal Federal deu aval para o lançamento de biografias não autorizadas, decisão que só viria a ser publicada em fevereiro de 2016. Uma luz no fim do túnel para os pesquisadores de música, uma área cuja memória ainda tem tantas lacunas em nosso país.

Nessa época, amigos e conhecidos que sabiam de minha pesquisa sobre Jorge Ben começavam a me perguntar quando sairia a biografia. Mas o projeto tinha ficado de lado havia alguns anos, e eu tinha me envolvido em um longo estudo para outro trabalho.

Quando surgiu o convite de Lauro Lisboa, organizador da coleção, para escrever sobre o *África Brasil*, eu tinha justamente começado a estudar alquimia alguns meses antes: foi uma daquelas coincidências que parecem cercar tudo aquilo que diz respeito a Jorge Ben. Mergulhar novamente em um universo que tinha feito parte da minha vida por tantos anos seria como retomar com fôlego algo vital que tinha ficado adormecido em algum lugar da minha história.

No meio do caminho, havia outra pedra: passaram-se tantos anos que eu tinha perdido o razoável (nunca fácil) acesso ao artista. Voltei à estaca zero na saga que é conseguir uma entrevista com ele. Estendemos o prazo, tentei por diversas vias, mas ele sempre escapulia. Até com uma pandemia tivemos de lidar: em abril, foi noticiado que o Copacabana Palace fecharia pela primeira vez em 97 anos. Só permaneceriam lá dois hóspedes: Andrea Natal, diretora-geral do grupo que administra o hotel, e Jorge Ben, "que desde 2018 vive lá"[4]. A história foi noticiada também pela agência Associated Press e repercutida na imprensa internacional.

Assim, cheguei a entregar uma versão deste livro sem que tivesse conseguido atualizar as conversas com seu personagem principal, o autor do álbum *África Brasil*. Fui buscar informações em entrevistas suas de diversas épocas, além de falar com pessoas que participaram do disco e artistas de gerações mais novas para quem a influência de Jorge Ben foi definitiva, de Mano Brown aos músicos do movimento manguebeat.

Até que de repente, não mais que de repente, surgiu uma chance de falar ao telefone com o artista, ainda confinado no hotel. Foi num 25 de maio, Dia da África e véspera do meu aniversário. Àquela altura, conversar com Jorge Ben, isolado no Copacabana Palace, era o sonho de dez entre dez jornalistas musicais do país. Os deuses pareciam estar ao meu lado mais uma vez.

Ele contou que morar perto de Gil, residente do vizinho Edifício Chopin, acabou aproximando-o do "compadre" novamente.

---

4   Eduardo Maia, "Em meio ao coronavírus, Copacabana Palace fecha pela primeira vez em 97 anos", *O Globo*, 9 abr. 2020.

> Quando eu descia para a rua, eu sempre olhava para ver se tinha alguém lá na janela (risos). E não tinha. Gil estava em excursão na Europa. Também fomos para a Austrália com a Banda do Zé Pretinho, a gente tocou lá no verão. Quando chegamos ao Brasil, começou esse problema do vírus. Aí, daqui a pouco, ó, eu estou em casa sem sair há dois meses... Ó, abril, março... chegando em maio sem sair. Estou aqui mas olho a minha janela bonita, graças a Deus, e do meu lado direito vejo o Pão de Açúcar e, do outro lado, eu olho o Cristo Redentor de braços abertos. Eu faço isso todo dia porque não posso sair... E, quando chega alguém aqui, eu tenho que colocar máscara. Alguém que vem bater na porta.[5]

Foi interessante observar os malabarismos do cantor e compositor ao longo dos anos para preservar sua vida íntima e sua família, além das diversas versões para uma mesma história que ele muitas vezes conta – há que se respeitar um homem que conseguiu manter mistério até mesmo sobre sua idade. Realidade e fantasia se misturam na trajetória desse que é um dos grandes nomes da nossa música, respeitado no mundo inteiro. Assim são as lendas.

Aqui, busquei retratar o período que culmina na realização de *África Brasil*, apresentando parte da história que o antecede para contextualizar os acontecimentos. Optei pela grafia "Jorge Ben" por ser a que ele utilizava até o lançamento do disco – ele só acrescentaria o "Jor" ao sobrenome em 1989, mas os fãs de sua fase considerada áurea até hoje resistem a chamá-lo assim.

E longe de mim procurar esgotar os escritos sobre ele ou mesmo sobre a época que este livro retrata. São muitos os mistérios que cercam a vida

---

5 Entrevista à autora em maio de 2020.

do artista. São muitos os símbolos e referências a desvendar em sua obra. A pesquisa sobre Jorge Ben é minha pedra filosofal particular: um projeto no qual provavelmente trabalharei por décadas sem chegar a um resultado definitivo. Até porque, esperamos, ele continuará a colecionar músicas e histórias por muitos anos.

Continue a voar bem alto, Jorge.

Kamille Viola
outono de 2020

O BOB MARLEY
BRASILEIRO

O estúdio, grande, próprio para a gravação de orquestras, iria receber uma festa. Músicos das bandas Traffic e Bad Company estavam entre os convidados. Chris Blackwell, fundador da Island Records, cuidava pessoalmente dos detalhes. Ele, que dois anos antes tinha revelado Bob Marley ao mundo com o disco *Catch a Fire*, agora estava gravando em seus estúdios um disco de Jorge Ben. No espaço, um palco montado.

A ideia era apresentar Jorge ao público inglês. Os integrantes da banda do artista, Admiral Jorge V[6], estavam maravilhados com tudo aquilo – principalmente Dadi Carvalho e Gustavo Schroeter, fãs das bandas de rock britânico. Não bastasse a qualidade técnica do estúdio onde vinham trabalhando, muito superior aos do Brasil, agora estavam frente a frente com alguns de seus maiores ídolos. O único que

---

6 Lê-se "quinto".

não parecia estar nada animado com a ideia era o próprio Ben.

A chegada tinha sido com pompa: quando aterrissaram em Londres, os músicos de Jorge Ben foram recebidos por dois carros de luxo, um Bentley e uma Mercedes 600, estilo limusine, para levá-los ao hotel. O artista, sua esposa, Domingas, e o produtor Armando Pittigliani, que estava viajando como *road manager*, tinham ficado em Paris: quando a banda embarcou para a capital inglesa, o casal ainda não tinha entrado no avião. Pittigliani foi atrás dos dois e acabou sendo deixado de fora do voo também.

Naquela noite, os músicos jantaram com Robin Geoffrey Cable, que havia trabalhado em discos de nomes como Carly Simon e Queen, sua esposa, a portuguesa Tina – que seria a intérprete e tradutora das gravações – e Blackwell com sua primeira mulher, Ada Blackwell. O dono da Island Records comentou com Dadi sobre sua expectativa para as gravações e contou de seus planos de fazer um show de Jorge para apresentá-lo a músicos ingleses e grandes nomes do *show business* local.

Ben chegou cansado para o jantar e disse, em tom de brincadeira, que tinha achado seu quarto pequeno. Pudera: nas turnês internacionais, ele sempre ficava hospedado em hotéis de luxo, tendo chegado a passar uma longa temporada no suntuoso George V, em Paris. Na noite seguinte, todos se reuniram no estúdio – o mesmo onde tinham sido mixados os discos mais recentes de Bob Marley e onde ele viria a gravar os clássicos álbuns *Exodus* (1977) e *Kaya* (1978) – para discutir detalhes das gravações. Blackwell ofereceu um cigarro de haxixe para os músicos e todos os brasileiros recusaram. Depois, Dadi explicou à intérprete que eles não fumavam na frente de Jorge, que era abstêmio.

A gravação correu bem, com o registro feito como se fosse ao vivo, no estúdio de 24 canais. A fita rolava e eles iam tocando repetidamente cada faixa até que Cable considerasse que tinha a melhor versão. Assim, tudo soaria mais natural.

Até o dia da festa, que contaria com um *pocket show*, Jorge não tinha sido avisado de que iria se apresentar. Depois de emendar a maratona de shows em Paris com as gravações, ele sentia que sua voz estava rouca. Além de tudo, não gostou de ser surpreendido. Então disse que não tinha ido ali para fazer show, e sim para gravar. "Pensa num troço enorme. [...] E ele botou um palco lá dentro, para homenagear o Jorge. Aí convidou a elite brasileira lá, turma da embaixada, uns duzentos caras, fez uma puta festa, comilança e o caralho. E o Jorge ficou puto! O Jorge falou: 'Eu não vim aqui para isso, para ficar tocando, vim aqui para gravar um disco!'", conta Gustavo, o baterista[7].

"Ele estava cansado, meio de mau humor – porque o Jorge tem isso, quando ele está de mau humor, não tem saco para nada. Aí é difícil, sabe? Lá em Londres, ele estava um pouco assim. O Chris Blackwell falou para mim: 'Adoro todo mundo do Brasil, adoro o Gil, adoro o Caetano, mas quem tem condição de fazer sucesso no mundo inteiro é o Jorge Ben'", lembra Dadi. "O que ele tinha já estava bom pra ele, sabe? Ele ia lá, fazia uns shows, voltava, não queria mais que isso, não, eu acho. Ele curte na hora em que está ali, gravando. Até o momento que teve essa festa: aí ele ficou de mau humor, ficou sem saco. Tanto é que tocou duas músicas, jogou a guitarra e foi embora", recorda[8].

Empolgados por estar lado a lado com artistas que admiravam, os roqueiros Dadi e Gustavo

---

7 Entrevista à autora em julho de 2019.

8 Entrevista à autora em abril de 2019.

seguiram numa *jam session* com Steve Winwood no piano Rhodes, o baterista Jim Capaldi (que Dadi já conhecia do Brasil, pois ele era casado com a brasileira Ana Campos), ambos ex-Traffic, e músicos do Bad Company. A festa foi até cinco da manhã.

Quando voltaram ao hotel, encontraram Jorge, Armando, João e Joãozinho no restaurante, com uma garrafa de champanhe vazia. O pai de Dadi, com saudade, ligou para o hotel em busca dele. "Ele quis falar com todo mundo, e ficamos no telefone quase uma hora, rindo muito. Fomos dormir lá pelas oito da manhã", conta[9].

Blackwell tinha conhecido Jorge Ben em sua vinda ao Brasil em novembro de 1974, acompanhado por Capaldi (que no ano seguinte se casaria com Ana) e Chris Wood, do então recém-extinto Traffic. Segundo a imprensa brasileira da época, Blackwell teria vindo ao Rio de Janeiro atrás de Cat Stevens, que já estava na cidade havia dois meses[10]. Depois de um jantar na casa de André Midani, que presidia a gravadora Philips – onde conheceu Ben, Gilberto Gil, Caetano Veloso, Gal Costa e Rita Lee –, o fundador da Island Records convidou Jorge para fazer um disco na Inglaterra[11].

Os músicos passaram vinte dias gravando no estúdio, com produção e mixagem de Robin Geoffrey Cable. Jorge foi acompanhado pela banda que havia acabado de formar, Admiral Jorge V, com Dadi (baixo), João Roberto Vandaluz (teclado), João Baptista Pereira, o Joãozinho da Percussão (percussão) e Gustavo (bateria). Três cantoras de estúdio locais (as britânicas Barry St. John e Liza Strike, e a

---

9   Dadi Carvalho, *Meu caminho é chão e céu*, Rio de Janeiro: Record, 2014, p. 79.

10   Djair Dantas, *O Poti*, coluna Geléia Geral, 1 dez. 1974.

11   Zózimo Barrozo do Amaral, *Jornal do Brasil*, coluna Zózimo, 19 nov. 1974.

neozelandesa Joy Yates) fizeram os vocais de apoio, e o trabalho ainda contou com sax e sintetizador de cordas, tocados por artistas locais (Chris Mercer e Ann Odell, respectivamente).

O baterista lembra que eles ficaram encantados com a estrutura do lugar: "Eram 24 canais, em 1975. Aqui não tinha oito (risos)! Já tinha aquele estúdio maneiro, grande, aquele mesão. [...] Só eu tinha oito canais de bateria. Eu! Tinha oito canais para mim, aaaah! Bumbo, caixa, cada tom-tom absurdo, pratos, contratempo. [...] Eu nunca vi isso na minha vida. Eu falei: 'Eu estou aqui no paraíso! Aqui é o paraíso'! (risos)"[12].

No disco, tudo ganhou uma sonoridade mais pop. Foram gravadas "Taj Mahal" (em versão roqueira e com sopros bem influenciados pelo reggae), "Os alquimistas estão chegando os alquimistas", "Chove chuva", "O namorado da viúva", "Mas que nada" e "País tropical". Completavam o repertório as inéditas "Jesus de Praga" e "Georgia" (sendo o nome da musa falado em inglês), além de uma faixa em inglês, "My Lady", cantada com a pronúncia deliciosamente macarrônica de Ben, que havia saído na trilha da novela *As divinas... e maravilhosas*, da TV Tupi, em 1973.

Em novembro do mesmo ano, os músicos ainda voltaram a Londres para fazer os *overdubs*[13] do álbum. Dessa vez, ficaram em um hotel cinco estrelas, o Skyline Park. Mas, aparentemente, a "lua de mel" do produtor inglês com Jorge Ben tinha acabado no episódio da festa. *Tropical* sairia no ano seguinte na Inglaterra (e em 1977 no Brasil), sem

---

12 Entrevista à autora em julho de 2019.

13 Processo em que a mesma passagem de uma faixa é gravada outra vez para ser sobreposta, dando um efeito de mais complexidade à música.

grande alarde. Não se tem notícia de que Blackwell tenha voltado a falar em Jorge Ben[14].

A situação evidenciava algo que se repetiria ao longo da carreira de Jorge: para o bem ou para o mal, ele faria apenas aquilo que quisesse. Dono de uma personalidade forte, quando ele cisma com algo, dizem, não há quem o convença do contrário.

Ele tinha passado um período fora do Brasil pela primeira vez dez anos antes, quando se apresentou em clubes e universidades norte-americanos. A temporada, no entanto, acabou sendo menor do que o previsto, como o próprio artista contaria anos depois, em 1978:

> A minha primeira experiência internacional foi em 1965, quando o Itamaraty enviou alguns músicos, entre eles o Sergio Mendes, em missão cultural aos Estados Unidos. Fui incluído e ganhei uma bolsa para estudar música. Não cheguei a fazer o curso, pois não falava inglês. Não fiz muita coisa por lá, pois fiquei pouco tempo. É que para trabalhar por lá era necessário adquirir o Green Card, e acabei tendo que me alistar no Exército Americano. Fiz isso por pura formalidade, para conseguir trabalho. Só que acabei convocado para ir ao Vietnã e tive que voltar às pressas.[15]

---

14 O produtor, que hoje vive na Jamaica, onde é dono de um *resort* de luxo, foi procurado pela autora deste livro. Sua assistente, Cathy Snipper, respondeu ao primeiro e-mail dizendo que falaria com Blackwell. Depois, não retornou mais nenhuma mensagem. Blackwell voltou a ser procurado por meio da assessoria de imprensa que divulga seu trabalho no Brasil. Dessa vez, a assessoria afirmou que ele não tinha condições de dar a entrevista pois estava lidando com as consequências da pandemia de coronavírus em seu *resort*, o GoldenEye.

15 Ruy Fabiano, "Voa voa Jorge, Jorge voa: o alquimista voltou", *Jornal de Música*, jan. 1978. Ruy Castro conta outra versão: segundo ele, Jorge teria sofrido racismo em uma barbearia em Los

Em entrevista ao *Pasquim*, em 1969, ele afirmara, já demonstrando consciência racial: "Negro e estrangeiro, lá nos Estados Unidos, são os primeiros a ir pro Vietnã"[16].

Em 1966, Mendes lançou uma versão de "Mas que nada" no álbum *Herb Alpert Presents Sergio Mendes & Brasil '66*. A música se tornou um grande sucesso, chegando ao quarto lugar da parada Adult Contemporary da *Billboard*. Ela ganharia versões feitas por nomes do quilate de Dizzy Gillespie (em 1967) e Ella Fitzgerald (1970), entre inúmeras outras. Em 1969, Jorge comentou que só nos Estados Unidos a canção tinha 47 regravações[17].

Ele teve mais três composições entre as mais vendidas e executadas naquele país: "Zazueira", com Herb Alpert, "Nena Naná", com José Feliciano, e "Chove chuva", com Sergio Mendes. No Brasil, em 1969, Herb Alpert disse que o artista estava desperdiçando uma chance por não aproveitar a onda: "ele poderia ocupar hoje, tranquilamente, o lugar que José Feliciano tem no mercado latino dos Estados Unidos"[18].

Jorge conta que outra virada em sua carreira aconteceu quando se apresentou no Midem[19], na França, em 1970: "Quando subi ao palco e vi aquelas pessoas seriíssimas, engomadas, pensei: 'o que

---

Angeles e, por isso, teria retornado ao Brasil (Ruy Castro, *Chega de saudade*, 4ª ed., São Paulo: Companhia das Letras, 2016, pp. 383-4).

16 "Sou sensual mas não sou tarado", *O Pasquim*, n. 14, set. 1969.

17 *Ibidem*. Em 2006, seria registrada mais uma vez, pelo grupo norte-americano Black Eyed Peas com Sergio Mendes, tornando-se sucesso mundial novamente.

18 Tárik de Souza, "Jorge solo e (bem) acompanhado", *Jornal de Música*, 1975.

19 Marché international du disque et de l'édition musicale, encontro internacional de profissionais ligados ao mundo da música, realizado anualmente em Cannes.

é que eu faço agora?'. A minha sorte é que 'Mas que nada' era sucesso com o Sergio Mendes e todo mundo conhecia. Bastou eu começar a cantar pra sentir que todo mundo tava na minha. Fui bisado e a partir dali choveram propostas de trabalho"[20]. O show ficou marcado por seu choro intenso enquanto apresentava "Domingas" (do álbum *Jorge Ben*, de 1969)[21].

O *Jornal do Brasil* noticiou na época: "Com relação à apresentação de Jorge Ben, o empresário norte-americano George Grief, responsável comercial por José Feliciano e outros cantores famosos, disse que foi a coisa mais importante que vira no festival, sugerindo ao mesmo tempo que Jorge Ben fizesse uma excursão pelos Estados Unidos e Europa"[22]. O próprio artista, de volta ao Brasil, confirmaria o convite.

Em um artigo no *Pasquim* naquele ano, Chico Buarque, exilado em Roma, contava o encontro que teve com Jorge e o Trio Mocotó na capital italiana logo após o Midem.

> Mas Jorge e seus Mocotós partiram depressa sem explicar direito como foi o negócio lá em Cannes, no festival do "Midem". Agora cá está o jornal italiano que não me deixa nem exagerar. "O pranto de Jorge Ben" é a manchete. "Não é sempre que a gente vê – diz o jornal – um grande negro de calças escarlates chorar tão desconsoladamente como chorava esta noite o cantor brasileiro. Seus próprios acompanhantes pareciam preocupados, embora continuassem sorrindo ao público para tranquilizá-lo. Jorge

---

20 Ruy Fabiano, "Voa voa Jorge, Jorge voa: o alquimista voltou", *op. cit.*

21 "Jorge Ben é ovacionado em Cannes", *Jornal do Brasil*, 22 jan. 1970.

22 "Cannes ouve hoje Simonal no Midem", *Jornal do Brasil*, 23 jan. 1970.

> Ben chorava sobretudo com o nariz que se lhe dilatou e inchou..." e vai por aí afora. O enorme sucesso de sua música, para o jornalista europeu, é de menos, estava previsto. Inédita é a sinceridade, a ingenuidade de Jorge chorando, enquanto sua cotação subia tantos pontos e seu nome era cogitado, cochichado, pechinchado, revendido e valorizado no mercado internacional do disco. O que parece melancólico, mas é ótimo, é de morrer de rir. É de mandá o piá pegá o tutu, comprá outro fu, machucá as escô e beliscá o mocotó das criô do pa tropi.[23]

Simonal e Astrud Gilberto também se apresentaram na mesma edição do Midem, e Eliana Pittman foi uma das apresentadoras. Mas Ben foi quem deu o que falar.

Apesar do projeto frustrado de Blackwell de tornar Jorge "o novo Bob Marley", o artista nunca deixou de se apresentar fora do Brasil. Até hoje, viaja frequentemente à Europa. Em novembro daquele mesmo ano, ele e a Admiral estavam de volta à França para uma nova temporada em Paris. Também foram ao programa *Micky Metamorfosis*, da TVE, a TV pública espanhola, onde o apresentador Micky diz ao cantor, que vestia uma camisa do Flamengo e já usava os inseparáveis óculos escuros: "Eu, cada vez que te escuto tocar, cantar e improvisar, é como se fosse o Pelé da música. Então bem-vindo ao meu programa e oxalá ganhes esse primeiro encontro com o público espanhol por uma grande, grande goleada"[24].

Jorge e seus músicos apresentam um *medley* (ele já usava esse formato pelo menos desde 1973, quando o registrou em disco) com "Por causa de

---

23 Chico Buarque de Holanda, "1º aniversário", *O Pasquim*, n. 33, fev. 1970.

24 Disponível em: <https://www.youtube.com/watch?v=FDIz1addw4M>, acesso em: jun. 2020.

você, menina", "Chove chuva" e "Mas que nada", com direito a solos de cada um dos instrumentistas. O artista já aparece tocando um violão Ovation, plugado.

Gustavo Schroeter recorda um episódio em Hamburgo, na Alemanha. Acostumado a reações efusivas da plateia em seus shows, o cantor ficou preocupado, pois o público só aplaudia, educadamente, ao fim de cada música. "O que está acontecendo?", ele perguntava à banda. Resolveu dar uma pausa. "O Jorge nunca deu intervalo. Era pau dentro, pá, direto, show inteiro, pum (risos)", diz[25]. No camarim, se mostrou preocupado. Armando Pittigliani, produtor dos três primeiros discos do artista e então diretor de *marketing* da Philips, contemporizou, dizendo que alemães tinham mesmo reações diferentes.

O segundo *set* teve um pouco mais de efusividade, mas nada comparado à resposta das plateias com que estavam acostumados. Dali, foram a um restaurante badalado, próximo do local da apresentação. Quando Jorge e banda entraram, todos se levantaram e começaram a aplaudi-los. "Fico arrepiado (de lembrar). Nunca vi isso na minha vida. Nunca vou esquecer", jura o baterista.

Em uma turnê no México – uma temporada em um hotel –, o percussionista Laudir de Oliveira (morto em 2017) foi assistir a uma apresentação. O músico tinha integrado a banda Brasil '77 de Sergio Mendes e então estava com o grupo norte-americano Chicago, no qual ficaria por oito anos. Convidou todos para assistir a um show da banda. Gustavo e Joãozinho foram. Na sequência, foram para uma festinha com a banda. "Eu e o Joãozinho saímos numa limusine do Laudir. Cada limusine com um integrante! E fomos para um hotel lá,

---

25 Entrevista à autora em julho de 2019.

acho que Sol de América, Sol de... alguma coisa. [...] Duplex, tudo enorme, os quartos. Altas farras fizemos lá depois", lembra Schroeter. Já Joãozinho conta que foi chamado para acompanhar o Chicago em suas turnês, mas seguiu com Jorge Ben.

2

A HISTÓRIA DE JORGE

Jorge Lima Menezes sempre levou uma vida cercada por mistérios. Muitas vezes, foi esquivo em entrevistas, evitando falar de temas pessoais. Com o passar das décadas, elas foram se tornando cada vez mais raras. O pouco que se sabe dele é resultado da indiscrição de outras pessoas, como Rita Lee e Tim Maia.

Durante a maior parte do tempo, Jorge adotou para sua vida pessoal o modo dos alquimistas que ele descreve em sua famosa canção: "Eles são discretos e silenciosos / Moram bem longe dos homens / Escolhem com carinho a hora e o tempo do seu precioso trabalho / São pacientes, assíduos e perseverantes"[26].

Desde seu surgimento, disse que seu nome era Jorge Duílio de Lima Menezes, embora em sua

---

26 "Os alquimistas estão chegando os alquimistas", do disco *A tábua de esmeralda* (1974).

carteira de identidade conste apenas Jorge Lima Menezes. Seu verdadeiro ano de nascimento sempre foi duvidoso, rendendo piadas entre amigos de juventude, como Erasmo Carlos e Tim Maia. Em entrevista realizada em 1995, Tim comenta:

> Daí, no outro dia, liguei pro Jorge Ben e ele tava puto, todo zangadinho. Eu perguntei: "O que aconteceu, Jorge?". E ele: "Sabe o que é, Tim? É que a minha tia assistiu o Jô Soares e me disse que você falou mal de mim". Eu falei: "Mas o que é isso rapaz, eu nunca falei mal de você, que babaquice". Daí, eu chamei a mulher dele no telefone, a Domingas, e ela me disse: "Não, Tim, não liga não, isso aí é a tia do Jorge que é muito fofoqueira...". Daí, eu descobri que ele tava puto era com o lance da idade que eu falei. Porque ele diz que tem 46... se ele tem 46, eu tenho 38.[27]

Atualmente, diz ter nascido em 1945. Porém, quando surgiu para o grande público, em 1963, dizia ter 21 anos. Segundo essa informação, teria nascido no dia 22 de março de 1942. Seus pais, de acordo com o próprio, se chamavam Augusto Lima de Menezes e Silvia Duilio Saint Ben Zabella Lima de Menezes, conforme afirmou em entrevistas[28].

---

27 Márcio Gaspar e Lauro Lisboa Garcia, "Uma entrevista histórica com Tim Maia", *Arte! Brasileiros*, 9 mar. 2018, disponível em: <https://artebrasileiros.com.br/cultura/uma-entrevista-historica-com-tim-maia>, acesso em: jun. 2020. Tim nasceu em 28 de setembro de 1942.

28 Ao *Pasquim*, disse que o nome dela era Silvia Duilia Saint Ben Menezes (é provável que o Duilia seja erro de digitação, pois diversas vezes ele disse Duílio), já com o sobrenome do marido. Cf. "Sou sensual mas não sou tarado", *O Pasquim*, op. cit. Mas Jorge também afirmou à *Veja* se chamar Jorge Duílio Ben Zabella Lima de Menezes. Cf. "O alquimista lança o som do verão", *Veja*, edição

O nome artístico veio do sobrenome da mãe[29].

A autora deste livro, porém, encontrou uma certidão de nascimento de Jorge Lima de Menezes, filho de Augusto Lima de Menezes e Sebastiana Lima de Menezes, nascido em 22 de março de 1939. Apesar da ausência do "de" no nome de Jorge, vale observar que seus filhos e sua esposa têm a partícula em seus nomes. Além disso, até algumas décadas atrás não eram incomuns erros em certidões de nascimento. Tampouco era raro que uma pessoa tivesse um nome no registro civil e outro de batismo – pelo qual normalmente era chamado pelos familiares. Portanto, a autora levantou a hipótese de que Silvia poderia ser assim chamada pela família, mas ter outro nome de registro, tendo adotado os sobrenomes do marido. Para terminar, o endereço do nascimento da criança (naquela época, muitos partos eram feitos em casa) é no Rio Comprido, bairro onde Jorge cresceu. São muitas as evidências de que seja mesmo o documento do artista.

Vale acrescentar: após a primeira publicação deste livro em versão *e-book*, em novembro de 2020, duas fontes próximas a Jorge Ben procuraram a autora. Uma delas teve acesso à carteira de motorista do artista. A outra contou que conviveu com a família de Jorge e que Silvia, de fato, se chamava na verdade Sebastiana. Lembrando que os pais do artista se conheceram na Gafieira Elite e que a mãe do cantor tocava violão, uma hipótese é que Silvia fosse seu nome artístico. Portanto, não restam dúvidas quanto à certidão: ela é mesmo de Jorge Ben.

Ainda hoje, a questão da idade é algo que o incomoda muito. Perguntado se tinha visto a repercussão

---

1.315, ano 26, n. 47, 24 nov. 1993. Sendo o "Lima de Menezes" do pai, os demais sobrenomes seriam, então, da mãe.

29 *Roda Viva*, TV Cultura, 18 dez. 1995, disponível em: <https://www.youtube.com/watch?v=L2yB_Uudwk0>, acesso em: jun. 2020.

na imprensa do fato de que iria passar o isolamento no Copacabana Palace, fez questão de reclamar:

> Aqui antigamente chegava jornal, mas já não chega mais. Então, a gente não lê jornal. Só vê notícia [pela TV] do covid-19, do "cova-19"... Só vejo notícia disso o dia inteiro, pô. E outra coisa: a gente fala [nas notícias] muita coisa que a gente não falou... Por exemplo, li no jornal que eu estava com uma música pronta para sair agora, sobre Copacabana, e erraram... Eles também erram sempre a minha idade. Você tem que botar aí: eu sou de 1945, eu nasci quando terminou a guerra. De março, 22 de março de 1945. Eles sempre põem errado, entendeu? Sou filho de seu Augusto e dona Silvia Lenheira.[30]

Na música "A cegonha me deixou em Madureira", parceria com seu pai (creditado como Augusto de Agosto), gravada em *Alô alô, como vai?* (1980), ele fala um pouco do que seria sua história de vida: "Me deixou numa santa casa barulhenta / Que tremia toda quando o trem passava / [...] Disseram que eu cheguei com dois quilos e meio / [...] A cegonha me deixou em Madureira / De presente para minha mãe Silvia Lenheira / [...] Para o Rio Comprido, Tijuca / Do Rio Comprido, Tijuca / Me levaram / Para Copacabana, Zona Sul / E de lá eu caí no mundo / [...] Abençoado por Deus / Cantando 'Mas que nada'".

Em entrevista de 1976, ele conta:

> Nasci na terra do samba, que não é Vila Isabel, mas Madureira. Fui garotinho para o Rio Comprido. Me lembro bem de minha infância. Era um menino pobre, não tinha luxo, mas tinha o

---

30 Entrevista à autora em maio de 2020.

> amor de meus pais. Tinha o que eles podiam me dar. Jogava muita bola, brincava no morro, dançava no carnaval, graças a Deus, agora estou tentando retribuir tudo a meus pais, quando posso.[31]

Jorge já afirmou que sua mãe era etíope e chegou ao Brasil aos 13 anos. Também já chegou a dizer que quem nasceu na Etiópia teria sido seu avô materno[32]. O artista revelou ter três irmãos: dois homens, um deles da Marinha, e uma mulher. Segundo ele, o avô materno saiu da Etiópia porque o país estava sendo invadido[33]: "Contam que veio pra cá sem querer, que estava em um navio que saiu lá do Mediterrâneo e ia pra outro lugar, e aí parou no Brasil. Por isso eu falo 'por um descuido geográfico parou no Brasil num dia de Carnaval' [verso de "Criola", de 1969]"[34].

É importante frisar que, na época, a Etiópia era uma referência para muitos afrodescendentes, por ser uma das únicas nações do continente africano que não foram colonizadas pelos europeus (a outra é a Libéria). Além disso, o país tinha sido associado a uma profecia do ativista jamaicano Marcus Garvey.

---

31 "Salve Jorge!: seu som eleva o astral e dá uma sensação de gol", *Ele Ela*, n. 81, jan. 1976, reportagem de Daisy Cury de Abreu.

32 Em entrevista mais recente, afirmou que o avô era etíope e sua mãe, nascida "na divisa entre Rio e São Paulo". Cf. Pedro Alexandre Sanches, "Jorge Ben Jor, o homem Patropi", *Trip*, n. 183, nov. 2009, disponível em: <https://revistatrip.uol.com.br/trip/o-homem-patropi>, acesso em: jun. 2020.

33 Entre 1935 e 1936, a Itália fascista de Benito Mussolini invadiu a Abissínia, atual Etiópia. Jorge pode estar se referindo a esse período, quando fala que sua mãe veio ao Brasil aos 13 anos. Porém, se ela nasceu no Brasil, ele pode estar falando sobre a Primeira Guerra Ítalo-Etíope, ocorrida entre 1895 e 1896.

34 Pedro Alexandre Sanches, "Jorge Ben Jor, o homem Patropi", *op. cit.*

Garvey viveu nos Estados Unidos, onde fundou a Unia (Universal Negro Improvement Association – "associação universal para o progresso do negro"). Ele pregava que os africanos e seus descendentes eram um povo escolhido por Deus e defendia que todos os negros deveriam migrar de volta para a África para constituir uma única nação. Em 1927, fez uma profecia: "Olhem para a África, onde um rei negro vai ser coroado, anunciando que o dia da libertação estará próximo". Quando o etíope Hailé Selassié assumiu o trono na Etiópia, em 1930, muitos acreditaram que Garvey se referia a ele. Assim, surgiu o rastafarianismo.

Além de mencionar com frequência a origem etíope de sua mãe, Ben chegou a dizer que descendia de Selassié[35]. A mais antiga população muçulmana na África fica naquele país, em Negash. Coincidência ou não, melismas[36] que remetem à sonoridade da música árabe vão ficando cada vez mais frequentes na obra do artista com o passar do tempo, tornando-se uma das marcas de seu canto. Em uma entrevista ao *Pasquim*, Jorge chegou a dizer que era "meio muçulmano", sem se estender sobre o assunto[37].

O pai de Jorge Ben, Augusto, era estivador e tinha uma barraca de peixe, mas também cantor, compositor e tocava pandeiro no bloco Cometas do Bispo, no qual o filho tocou surdo. Apresentava-se pelo estado do Rio com o nome de China e Seu Conjunto. Conheceu Silvia na Gafieira Elite[38].

---

35 André Midani, *Do vinil ao download*, Rio de Janeiro: Nova Fronteira, 2015.

36 Técnica de canto com a qual sílabas de palavras são estendidas em determinados trechos da música.

37 "Sou sensual mas não sou tarado", *O Pasquim, op. cit.*

38 "Santo na gafieira", *Veja*, n. 386, 28 jan. 1976.

Jorge aprendeu a tocar pandeiro, que ganhou do pai, aos 13 anos. Eles também frequentavam o Salgueiro. Foi por volta dessa idade que Jorge, que tinha sido coroinha, entrou para o seminário: sim, a escola de padres, onde ficou por dois anos. Lá, teve outro tipo de vivência artística, dessa vez com a música sacra:

> Tinha aulas de canto, de teclado, órgão, já sabia isso tudo. Porque se cantava muito no coral gregoriano. Isso tudo misturou com o que eu ouvia fora, quando eu passava as férias. Eu ouvia desde samba, desde rock e de música brasileira, que meus pais tinham em casa, que gostavam. Isso tudo foi misturando, até que, com essa idade, eu já fazia minhas letras. Na escola, eu sempre escrevi muito. Modéstia à parte, eu sempre fui bom. Escrevia grandes redações, escrevia coisas que eu gostava. E aí depois eu passei a cantarolar essas coisas todas.[39]

Seus pais também ouviam cantores da Era do Rádio, como Nelson Gonçalves e Angela Maria, e os grandes nomes da música nordestina, Luiz Gonzaga e Jackson do Pandeiro, de quem Augusto era fã. A influência afro veio por caminhos como o jongo, ao qual era levado pelo pai[40].

Além disso, ele conta que, devido à origem de sua mãe, ouvia música africana em casa. "Eu era menino, criança, e ouvia o som, eles falavam numa língua que eu não entendia e um batuque, isso foi misturando tudo."[41] Silvia tocava violão e o presenteou com o instrumento: "Quando entrei para o Exército, ela me deu de presente o violão e o método

---

39 *Roda Viva*, op. cit.

40 Tárik de Souza, "Artes de um alquimista", *Revista Compact Disc*, n. 6, set. 1991.

41 *Ibidem.*

que ela usava. Um método antigo demais, chamado 'Patrício Teixeira'. E eu comecei sozinho com aquele método. Como gostava do instrumento, foi fácil e rápido aprender. Naquela época eu pensava: que bacana a gente cantar e se acompanhar!"[42].

Quando tinha cerca de 16 anos, passou a andar com a chamada Turma do Matoso (eternizada na música "Haddock Lobo esquina com Matoso", que viria a ser lançada por Tim Maia em 1982, no disco *Nuvens*). Entre as ruas do Matoso e Barão de Ubá, no encontro com a Haddock Lobo, entre o Cine Madrid e a lanchonete Divino, reuniam-se jovens fãs de rock como os tijucanos Tim Maia e Erasmo Carlos; também Roberto Carlos, do bairro Lins de Vasconcelos; os irmãos Paulo César e Renato Barros (que formariam a banda Renato e seus Blue Caps), da Piedade; e Jorge Ben, àquela altura apelidado de Babulina, que vinha do Rio Comprido. Jorge conta:

> Meu irmão mais velho, oficial da Marinha, viajava muito. Certa vez, ele foi para os Estados Unidos. Na época, era aquela empolgação toda pela música americana, pelo rock e outros bichos. Então ele trouxe para mim um disco que estava na onda, *Bob and Lena* (na verdade, *Bop-a-Lena*, sucesso de Ronnie Self) e uma camisa que trazia o nome da música. Eu cantava isso, dava a entender que era "Babulina" e usava a camisa. Então o apelido pegou, na Tijuca e no Rio Comprido.[43]

O historiador Luiz Antonio Simas, que pesquisa samba e religiões de matriz africana, observa como o violão de Jorge sofre influência dos toques de terreiro:

---

42 *Ele Ela, op. cit.*
43 *Ibidem.*

> Jorge Benjor (*sic*) faz um negócio impressionante no violão que quase ninguém percebe: a batida dele bebe na fonte do aguerê de Oxóssi. O aguerê [é] um dos ritmos nobres do candomblé de Ketu. Benjor (*sic*) percute o violão como se fosse o tambor tocando para os deuses da caça: taque tataque tataque tataque tataquetatatá. A corrida no ritmo ilustra que Oxóssi, andando discretamente na floresta, viu a caça! Não é samba, não é balanço, não é jongo, não é maracatu. É tudo isso, mas é fundamentalmente o aguerê que fundamenta o babado. [...] Confiram nos dois vídeos que seguem (a gravação original de "Os alquimistas estão chegando" e o aguerê tocado pelos ogãs do Ilê Ibualamo). Os tambores falam, minha gente, os tambores falam. Tem quem ouça, como Ben, e invente mundos. Isso é a memória ancestral codificada.[44]

Esse caldeirão sonoro – samba, jongo, toque de terreiro, sonoridade da África muçulmana, baião, maracatu, o ritmo sincopado de Jackson, canto gregoriano, o rock e o pop, que os seus colegas de Tijuca e Rio Comprido também ouviam, e mais tarde a bossa nova de João Gilberto – ajuda a explicar a alquimia que ele realizaria ao longo de sua carreira, forjando um estilo sem paralelo na música brasileira.

Jorge sonhava ser jogador de futebol e chegou a atuar nos times mirim e juvenil do Flamengo. Nas partidas com os colegas da Tijuca, destacava-se por seu talento com a bola[45]. O Exército, porém, inter-

---

44   Luiz A. Simas, Twitter: @simas_luiz, 9 ago. 2019, disponível em: <https://twitter.com/simas_luiz/status/1159762407130042368>. O aguerê citado como exemplo está disponível em: <https://www.youtube.com/watch?v=KV6gz6l11Zg>. Acessos em: jul. 2020.

45   Nelson Motta, *Vale tudo: o som e a fúria de Tim Maia*, Rio de Janeiro: Objetiva, 2007.

romperia seus sonhos. Foi na época do serviço militar que começou a aprender violão, e as primeiras composições surgiram no quartel, em parceria com outros recrutas[46]. Também planejava ser advogado, mas foi arrebatado pela música.

Começou a atuar profissionalmente em 1961, tocando pandeiro ao lado do Copa Trio no Little Club, no Beco das Garrafas, região boêmia em Copacabana, local por onde viriam a passar grandes nomes da música brasileira. Em seguida, apresentou-se no Bottle's, também no Beco, já interpretando e tocando músicas próprias. Também nessa época chegou a cantar rock na boate Plaza. Naquele mesmo ano, voltou a se apresentar no Little Club, acompanhado pelo grupo Copa 5, formado por J.T. Meirelles (sax), Pedro Paulo (trompete), Toninho Oliveira (piano), Dom Um Romão (bateria) e Manoel Gusmão (baixo). Fez sua primeira gravação como *crooner* nas faixas "Mas que nada" e "Por causa de você, menina", assinadas por ele, no disco *Tudo azul* (1962), de Zé Maria e seu órgão.

> Eu já comecei como profissional. Uma vez, eu fui assistir ao show dos Cariocas no Beco das Garrafas e, então, quem tocava lá eram os Copa 5, conjunto do Meireles. Quem tocava nos Copa 5 era o Gusmão, o contrabaixista, que me conhecia da praia e sabia que eu tocava violão e tinha algumas composições. Um dia, acabou o show e não tinha ninguém lá e ele me convidou para dar uma canja. "Dá uma canja aí, canta uma daquelas das tuas músicas", ele disse. Eu cantei, só tinha um cara dentro da buate (sic): era o João Melo que era diretor da Philips. A música era a "Mais que nada" (sic). Aí ele falou comigo se eu não queria fazer um teste na Philips. Eu nem fui porque pensei que era

---

46 "Jorge Ben: 'Meu sonho é ser presidente'", *Pop*, n. 65, mar. 1978.

grupo, nem conhecia o cara [...]. Mas depois, quinze dias depois, ele voltou, nós acertamos tudo e eu fiz meu primeiro disco na Philips, um compacto. Vendeu bem e depois, logo em seguida, fiz o LP.[47]

O produtor Armando Pittigliani conta que foi ele quem recebeu Jorge Ben em sua primeira visita à gravadora. Pediu a Jorge que tocasse uma música qualquer. "Antes que ele terminasse, eu disse: 'Você está contratado por causa do violão'."[48]

BOSSA NOVA

A primeira gravação própria foi com o compacto em 78 rotações com as duas canções, gravado com o Copa 5. Em seguida, fez o álbum *Samba esquema novo*, também com o grupo, com produção de Pittigliani e arranjos de J.T. Meirelles em algumas faixas. O disco vendeu 100 mil cópias em poucos meses, um feito pouco comum naquele tempo. Apesar do grande sucesso, recebeu duras críticas, que afirmavam que seu estilo como letrista era infantilizado.

Além de "Mas que nada", que se tornaria a canção mais bem-sucedida do artista, o álbum traz outras músicas que marcaram sua carreira: "Balança pema" (que seria sucesso décadas mais tarde, na regravação de Marisa Monte), "Chove chuva" e "Por causa de você, menina". Nessa, e em "Quero esquecer você", a pronúncia é *voxê* – a contracapa do disco traz um texto que faz questão de explicar que é "a imitação do modo de falar de uma sua amiguinha de apenas 3 anos de idade que sempre lhe pedia: 'aquela música, *voxê*

---

47 "Sou sensual mas não sou tarado", *O Pasquim, op. cit.*
48 "O alquimista lança o som do verão", *Veja, op. cit.*

canta?'". Mas lembra também a voz infantilizada que os apaixonados às vezes usam para falar. De qualquer forma, já traz a marca de seu bom humor, visto que ele brincaria com sua voz de diferentes maneiras ao longo da carreira. Somente uma das 12 faixas, "Tim dim dom", não leva sua assinatura.

No ano seguinte, vieram dois álbuns, também produzidos por Pittigliani. *Sacundin Ben samba* não teve o mesmo sucesso do trabalho anterior, mas confirmou o talento de Jorge. Traz a música "A princesa e o plebeu", que o artista regravaria com nome diferente e repaginada em *África Brasil*. "Gimbo" mais uma vez remete à cultura afro-brasileira, já que a palavra (também grafada com J), que significa dinheiro, tem origem no quimbundo, língua banta falada em Angola. Já "emoriô" é uma frase, que em iorubá se escreve "*Ẹ mo ri O*" e significa "eu Te vejo". O "*O*" (te) maiúsculo enfatiza referência a um ser superior, digno de reverência, que no caso é o orixá Oxalá. A letra traz um tom contestador: "Tira gimbo (dinheiro) de quem tem e dá gimbo a quem não tem".

Um texto de Armando Pittigliani na contracapa do disco defendia o artista de críticas: "Engraçado é que o criticam em um dos seus pontos mais fortes: a letra de seus sambas", diz um trecho. "Reparem que seus versos, antes de tudo, são de uma simplicidade incomum. Mas a contribuição rítmica dessas letras é importante demais. [...] Antonio Carlos Jobim é um dos poucos a enxergar mais esta virtude no samba de Jorge 'Sacundin' Ben."

Ben é samba bom segue a mesma linha. Ainda muito influenciado pela bossa nova, ele regrava uma das poucas composições assinadas por João Gilberto, "Oba-la-lá", mas imprimindo a sua marca nos vocais – já com uma boa carga de ancestralidade negra. É o álbum em que registra mais canções de outros autores: cinco. O disco conta com duas músicas que se tornariam clássicos de seu repertório: "Descalço no parque" e "Bicho do mato".

Em 1965, foi a vez de *Big Ben*, que traz o futuro clássico "Agora ninguém chora mais". E, pela primeira vez, inclui uma faixa em inglês: "Jorge Well", cantada em irresistível inglês macarrônico, que se tornaria característico de Ben. "O homem que matou o homem que matou o homem mau" seria o primeiro de seus títulos enormes em canções.

NEGA CHAMADA TEREZA

Sentindo-se desprestigiado por sua gravadora, Jorge rompe com a Philips e parte para os Estados Unidos. A estada foi abreviada pela convocação para defender aquele país na Guerra do Vietnã. Nessa época, fica noivo da paulistana Domingas Terezinha Inaimo de Menezes, musa de muitas de suas canções – possivelmente, a mais homenageada da história da música popular.

Além das óbvias "Domingas" (*Jorge Ben*, 1969), "Domenica domingava num domingo toda de branco" (*Força bruta*, 1970, sendo "Domenica" uma variação italiana do nome "Domingas"), "Maria Domingas" (*Negro é lindo*, 1971) e "Dumingaz" (*Solta o pavão*, 1975), ela também é citada em "Cadê Tereza" e "País tropical" (*Jorge Ben*, 1969), e "Terezinha" (*Força bruta*, 1970). Isso para citar apenas as que trazem os nomes Domingas ou Tereza e suas variações – seriam também para ela versos como "mas é que eu não sou o namorado do meu amor" ou "será que ela ainda está muito zangada comigo" ("Zé Canjica" e "O telefone tocou novamente", ambas de *Força bruta*, 1970)?

Muita gente pensava que a namorada do artista se chamava Tereza. Porém, ele e Domingas já estavam juntos nessa época, como atesta Caetano Veloso em seu livro *Verdade tropical*[49]. Tampouco era negra, embora fosse carinhosamente chamada de "nega" nas canções de Ben: era loura.

Jorge, no entanto, jamais fez questão de esclarecer que as duas eram, na verdade, a mesma mulher. Muito pelo contrário, como mostra esta entrevista ao *Pasquim*, em 1969: "Não, sou solteiro. Mas pretendo casar. Se pudesse, casava com a Domingas amanhã. Nós temos uma amizade bacana, sabe", diz. Quando Millôr Fernandes pergunta "E a Tereza?", ele responde: "É, eu tenho mesmo uma nega chamada Tereza. Correu boato que ela mora aqui no Rio, mas não é verdade. A Tereza é paulitana. A Domingas é minha musa inspiradora e a Tereza é meu amor. Eu sou gamado pela Tereza"[50].

Em 1970, descreve a Flávio Cavalcanti como criou "País tropical", sucesso de seu disco *Jorge Ben*, lançado no ano anterior: "Eu estava em casa fazendo a música. Já tinha terminado, só faltava a letra. Fiz na base do que eu sou mesmo, com um fusca, um violão e a minha Tereza, uma nega bacana que mora em São Paulo, tem vinte anos e é sensacional"[51]. Na mesma coluna, Flávio Cavalcanti afirma: "Jorge Ben fez muitas músicas para a sua crioula Tereza: 'Cadê Tereza', 'Crioula' *(sic)*, 'Que maravilha', 'Que pena'. Fez também 'Domingas', que ele diz ser sua amiga do peito, também paulista [...]".

Ao *Jornal do Brasil*, em fevereiro do mesmo ano, ele afirmara: "[...] se tudo correr bem, caso

---

49 Caetano Veloso, *Verdade tropical*, 3ª ed., São Paulo: Companhia das Letras, 2017, p. 213.

50 "Sou sensual mas não sou tarado", *O Pasquim, op. cit.*

51 Flávio Cavalcanti, *Correio da Manhã*, 13/14 set. 1970, Anexo, p. 5.

com a Domingas em 1971"[52]. Dois anos depois, no entanto, no programa *MPB Especial*, dirigido por Fernando Faro e exibido pela TV Cultura, antes de tocar a canção "Domingas", ele diria: "Ah, a Domingas é a minha musa que vive comigo"[53].

Há poucos registros fotográficos públicos dela, que nunca deu entrevistas. O artista revelou que quando se conheceram ela morava com o irmão, pois havia perdido o pai aos 14 anos. Domingas era paulista e de classe média[54]. Com ela, Jorge se casaria em 1971 e viria a ter dois filhos: Tomaso Augusto Donato Duilio Ben Inaimo de Menezes, o mais velho, formado em Administração de Empresas, e Gabriel Joaquim Antonio Hernandes Ben Inaimo de Menezes, DJ e produtor.

Os dois subiram ao altar na tarde de 5 de agosto daquele ano, na capela de São Pedro e São Paulo, no Morumbi, em São Paulo, em uma cerimônia de quinze minutos com cerca de cinquenta convidados. Ao ver a imprensa no local, Jorge se irritou e negou ao máximo que estivesse se casando – até no livro da igreja a data constava como o dia seguinte. Mas acabou desistindo e posando para fotos com a amada[55].

ANOS 60 E DITADURA

Voltemos à década de 1960. Em 1966, Jorge se mudaria para São Paulo, onde chegou a dividir um

---

52 "Jorge Ben descansa enquanto não estreia programa na TV", *Jornal do Brasil,* 8 fev. 1970.

53 *MPB Especial*, TV Cultura, 4 dez. 1972, disponível em: <https://www.youtube.com/watch?v=bcj_FRQdbAE>, acesso em: jun. 2020.

54 "O alquimista lança o som do verão", *Veja, op. cit.*

55 "Jorge Ben casou com a 'nega' Tereza", *Intervalo*, n. 449, ago. 1971.

sobrado com Erasmo Carlos. No ano seguinte, lança o disco que marca uma virada em sua carreira: *O Bidú: silêncio no Brooklin* (1967). Acompanhado pelo grupo The Fevers, fez um álbum que é considerado uma espécie de precursor do tropicalismo. Nele, troca o violão acústico por um elétrico de 12 cordas. Caetano Veloso falou sobre o impacto do disco:

> Gil era um apaixonado por Jorge Ben desde a Bahia. Uma noite, cumprindo uma apresentação numa boate de Salvador, ele declarou que tinha deixado de compor e não cantaria mais nenhuma de suas composições, pois surgira um cara chamado Jorge Ben que fazia tudo o que ele achava que deveria fazer – e fez um show todo de canções de Jorge Ben. Eu, que gostava de Jorge Ben por sua originalidade e energia, não admitia que um talento musical como o de Gil silenciasse em reverência a ele. Sobretudo me parecia que Gil, muito mais capaz de ouvir harmonias do que eu, dissesse preferir abandonar tudo por causa de um músico infinitamente mais primário do que ele. [...] Só em 67 é que vim a perceber o quanto a intuição de Gil tinha sido mais profunda e abrangente do que isso.[56]

Para Caetano, o disco – sobretudo a faixa "Si manda" – era a síntese dos anseios tropicalistas: "'Se manda' (*sic*), com sua agressividade alegre (é uma letra de mandar embora a mulher que 'vacilou', sumariamente e sem culpa) e sua musicalidade deixando à mostra traços crus de samba de morro e blues numa composição de exterioridades nordestinas, era a encarnação dos nossos sonhos"[57]. Caetano gravaria uma faixa de *O Bidú*, "Frases",

---

56 Caetano Veloso, *op. cit.*, p. 212.
57 *Ibidem*.

com o nome de "Olha o menino" em seu disco *Bicho*, de 1978. Pela primeira vez, Ben apresentava um personagem negro da realeza em uma canção, "Nascimento de um príncipe africano", o que faria repetidamente em sua obra dali por diante.

O *Bidú* foi produzido por Roberto Côrte-Real, ex-diretor da Columbia, e lançado pelo selo Artistas Unidos, da gravadora Rozenblit, de Recife, que estava tentando fazer frente às multinacionais. O trabalho teve pouco sucesso, e Jorge ficou sumido até Wilson Simonal começar a gravar composições suas: "Zazueira" (em *Alegria alegria vol. 2 ou quem não tem swing morre com a boca cheia de formiga*, 1968), "Silvia Lenheira", uma homenagem à mãe de Jorge (em *Alegria alegria vol. 3 ou cada um tem o disco que merece*, 1969), "Que maravilha" e "País tropical", que se tornaria um grande sucesso (as duas em *Alegria alegria vol. 4 ou homenagem à graça, à beleza, ao charme e ao veneno da mulher brasileira*, 1969).

Biógrafo de Simonal, o jornalista Ricardo Alexandre relata como o artista descobriu "País tropical" e decidiu registrá-la:

> Simonal não desconfiava da existência de "País tropical" até assistir a um show de Gal Costa, com quem Jorge estava tendo um caso. O cantor ficou tão entusiasmado com a música que nem se importou com o pedido de Gal pela preferência para gravá-la. Agendou uma sessão de estúdio para o dia 22 de julho de 1969, arrastou Jorge para lá e mostrou a canção ao [trio] Som Três. César [Camargo Mariano] transportou todo o balanço do violão para o piano, criou um antológico *riff* de metais e providenciou a "cama" para o que talvez seja o melhor do registro do percussionista Chacal. Simonal repicou toda a letra original, excluindo estrofes inteiras, introduzindo menções ao *slogan* da Shell ("algo

mais"), antes mesmo de fechar o contrato, e uma segunda parte na qual as palavras eram cantadas usando-se apenas as primeiras sílabas. Assim, "Moro / num país tropical" virou "Mo' / num pa' tropi'". Até hoje o termo "patropi" é usado como sinônimo de Brasil.[58]

Neste ponto, vale lembrar que, embora trabalhos biográficos sobre Simonal afirmem que a ideia de cantar palavras pela metade tenha sido do cantor, Jorge Ben disse em entrevistas da época que foi uma invenção dele. O compositor conta sempre a mesma história: "[...] na hora de repetir tudo, achei que ia ficar chato, que a turma não ia gostar. Aí comecei a escrever pela metade. Ficou bacana. Mostrei pro Simonal, ele aprovou e agora taí"[59].

A escritora Olga Savary faz uma observação interessante: para ela, o corte das sílabas parece "um pouco jazz", mas parece, também, "uma volta às origens, uma linguagem nagô"[60]. Jorge, que ademais era grato a Simonal por este ter ajudado a alavancar sua carreira, até onde se sabe, não foi desmentido pelo amigo, o que leva a crer que sua versão seja a real.

Simonal ainda gravaria em 1974 "Cuidado com o bulldog", que no ano seguinte seria registrada por Ben no disco *Solta o pavão*. Alguns anos depois, se tornaria *persona non grata* ao ser acusado de ser informante do Dops[61]. Em 1976, Jorge era um

---

58 Ricardo Alexandre, *"Nem vem que não tem": a vida e o veneno de Wilson Simonal*, São Paulo: Globo Livros, 2009, p. 145.

59 Flávio Cavalcanti, *Correio da Manhã*, op. cit.

60 "Sou sensual mas não sou tarado", *O Pasquim*, op. cit.

61 Em 1971, desconfiado de que seu ex-contador o havia roubado, ele havia demitido o homem, que entrou com um processo trabalhista. Com raiva, Simonal teria mandado dois agentes do órgão conseguir uma confissão sob tortura, que aconteceu nas dependências do próprio Dops. O contador denunciou o acontecido e, quando a imprensa noticiou o fato, foi um escândalo. Em

dos poucos no meio artístico a defendê-lo: "Acho o Simonal um cara muito bacana. Ele, aliás, foi o primeiro cantor a acreditar em mim como compositor", disse[62].

Na mesma entrevista, ele comenta: "A mim ele nunca decepcionou. Não que ele fez um troço, assim, feio. [...] Tenho uma filosofia de vida. Uma filosofia meio barata, mas com senso de humor e que eu acho muito bacana: 'Jacaré tem que ser malandro, porque quando não é malandro vira bolsa de madame'. Sabe o que quer dizer? Não se meta com a vida dos outros, se não quiser que os outros se metam com a sua vida. E é assim que eu sigo". De fato, a postura de não criticar outras pessoas é uma marca de Jorge Ben. Em uma sabatina, os jornalistas do *Pasquim* tentam criar polêmicas em relação a diversos artistas, mas Jorge se desvia de todas.

Claro que, em meio aos ânimos acirrados em plena ditadura militar, a letra de "País tropical" tinha tudo para causar polêmica. Ben, que em geral não era atingido pelas disputas ideológicas da época, foi considerado alienado e ufanista por alguns. O humorista Juca Chaves, do exílio, provocou o compositor e Simonal com uma música satírica, "Paris tropical", com uma preconceituosa citação à canção de Ben: "Tereza é empregadinha e eu sou seu patrão / vendi meu Fusca e o meu violão".

---

meio aos horrores da ditadura militar, uma ligação com o Exército era algo muito malvisto, sobretudo no meio artístico. Simonal foi também acusado de ter delatado colegas (o que não foi confirmado). Sua carreira entrou em franca decadência. Hoje, fala-se muito sobre o racismo envolvido no episódio, já que outros artistas da época tinham proximidade com os militares e não foram julgados com o mesmo rigor. Simonal foi preso por alguns dias e cumpriu o resto da pena em prisão domiciliar, mas jamais recuperou o prestígio. Desenvolveu alcoolismo e morreu de cirrose, em 2000, aos 62 anos, no ostracismo.

62 *Ele Ela*, op. cit.

O contra-ataque veio com "Resposta", gravada por Simonal no EP *Simonal* (1970), depois registrada no disco *Muita zorra!*, do Trio Mocotó, como "Aleluia aleluia (e ainda tem mais)". A canção tem versos como "Eu não sou um orgulhoso / nem tampouco um despeitado / mas é que eu não gosto / é de ser subestimado / [...] Eu sei onde é o meu lugar / eu sei onde eu ponho o meu nariz [...]", com a participação de Jorge, que ainda aparece recitando um texto que diz, entre outras coisas: "Eu prefiro ser um durão aqui dentro do que ser bicão lá fora".

Outra canção que faz referência à provocação de Chaves é "Cosa nostra", composta por Ben e interpretada ao lado do Trio Mocotó, lançada no compacto simples *O som d'O Pasquim*, de 1970 (o lado B trazia "Coqueiro verde", de Erasmo Carlos, gravada pelo Trio Mocotó), que veio encartado no periódico. Além de fazer citações a integrantes da redação do jornal, a letra traz trechos como: "E se você quiser dar um presente lindo para seu amigo / Ou mesmo que seja para seu inimigo / E que esteja no exterior / Falando mal da gente" e "E dizendo que eu só namoro empregadinha / E que eu sou duro, e só ando de trem" (a música de Juca Chaves, em um trecho, diz: "Alô Brasil, alô Jorge Ben / Eu vou de metrô, você vai de trem"). O empresário e apresentador Silvio Santos gravou uma versão da música em 1974 (no álbum *Silvio Santos e suas colegas de trabalho*) e uma paródia da canção, batizada de "Coisa nossa", acabou virando uma das marcas registradas de seu programa *Show de Calouros*.

Em seguida, Chaves veio com "Take me back to Piauí" – para alguns, apaziguadora, mas que está mais para uma tréplica cheia de ironia, com referências a Chacrinha, Hebe, Tony Tornado (que então escrevia o nome artístico com i, Toni) e Carlos

Manga, com uma citação maldosa ao episódio em que a então apresentadora Cidinha Campos afirmava ter tentado se suicidar depois de ser deixada por Manga[63]. A canção foi lançada em compacto simples, trazendo "Vou viver num arco-íris" no lado B. A letra desta última, um tanto ingênua, seria uma ironia à suposta ingenuidade das de Jorge?

TROPICÁLIA

Implicâncias à parte, foi um período em que os tropicalistas abraçaram Ben. Ele, que era frequentemente convidado a participar do programa *O Fino da Bossa*, apresentado por Elis Regina e Jair Rodrigues, passou a ser vetado na atração depois de aparecer no *Jovem Guarda*, que tinha à frente Roberto Carlos, Erasmo Carlos e Wanderléa.

> O programa era no domingo. Na segunda-feira, quando fui me apresentar no *Fino da Bossa*, programa do qual eu participava toda semana, fui barrado porque eu tinha ido ao programa do Roberto. Veja só, e isso era porque eram da mesma emissora (a TV Record). Depois os baianos me procuraram, através do empresário Guilherme Araújo, me convidando para fazer parte de um novo movimento que iria surgir, o tropicalismo. "Sua música vai se encaixar direitinho nesse movimento. A tropicália tem tudo a ver com você", disse o Guilherme. Aí eu fui só para conhecer, gostei e resolvi ficar.[64]

---

63 "Suicídio de Cidinha foi uma farsa: os melhores amigos de Manga não acreditam que exista um corte de gilete no pulso da apresentadora", *Intervalo*, n. 413, dez. 1970.

64 "Jorge Ben foi um sucesso em Nova Iorque", revista *Música*, abr. 1979.

Era o *Divino, Maravilhoso*, da TV Tupi, comandado por Caetano e Gil. A atração semanal era produzida por Fernando Faro e Antonio Abujamra, e trazia o novelista Cassiano Gabus Mendes, diretor da estação, no corte de imagens. A estreia foi em 28 de outubro de 1968. Provocador, dividia opiniões. Em um dos programas, Caetano Veloso surgiu preso em uma jaula comendo bananas. Inspirado pelo episódio, Ben (que, por contrato, precisava apresentar uma canção nova a cada programa) compôs "Vendedor de bananas", que apresentou na atração e que seria registrada pelo grupo Os Incríveis em 1969, no álbum homônimo da banda.

Ele contou a respeito para a edição brasileira da revista *Rolling Stone*: "Na época do *Divino, Maravilhoso*, o Abujamra pai [Antonio Abujamra] e o [diretor de TV] Fernando Faro me pediram para fazer uma música nova toda semana. No primeiro dia, mostrei a minha para o Caetano: 'Fiz essa pro programa, vê se você gosta. Se não gostar, tudo bem'. Era 'Vendedor de bananas'. Fiz porque o tema do programa era bem tropical, com bananas no cenário"[65].

A atração duraria poucos meses: foi encerrada depois da edição do dia 23 de dezembro de 1968, quando Caetano cantou a depressiva "Boas festas", de Assis Valente ("Eu pensei que todo mundo fosse filho de Papai Noel"), com uma arma apontada para a própria cabeça. Ele e Gil foram presos, no dia 27 daquele mês. Seriam libertados somente na Quarta-Feira de Cinzas do ano seguinte, dia 19 de fevereiro, e encaminhados para prisão domiciliar. Em julho, foram forçados ao exílio e partiram para Londres[66].

---

65 Marcus Preto, "Jorge Ben Jor: eterna redescoberta", *Rolling Stone Brasil*, n. 9, jun. 2007, disponível em: <https://rollingstone.uol.com.br/edicao/9/jorge-ben-jor-eterna-redescoberta/>, acesso em: jun. 2020.

66 Rafael Gregorio, "Há 50 anos, prisão de Caetano e Gil matava a

Nessa época, diversos artistas gravaram as canções de Ben, sobretudo os tropicalistas. Os Mutantes lançaram "A minha menina", com participação do próprio, no álbum com o nome do grupo. Em sua autobiografia, Rita conta sobre quando foi pedir uma canção para o disco de estreia do grupo e Jorge mostrou-a no violão:

> Gulosa para garimpar mais repertório de calibre, tive a cara de pau de ir sem avisar até o apartamento de Jorge Ben e pedir "pelamordedeus" uma música. Quem abriu a porta toda descabelada foi uma cantora não muito conhecida na época. Ops, já ia me desculpando pela inconveniência quando o deus do suingue escancara a porta e me convida a entrar. Por cinco segundos pensei que ia rolar um *ménage*, mas nos segundos seguintes mr. Ben já estava no violão tocando o esboço de "A minha menina" com olhares de torpedo para a moça. Tempos depois, quando a cruzava nos bastidores da vida, então já muito famosa, trocávamos olhares e um sorrisinho cúmplice.[67]

Note-se que, quando era solteiro, Ben ganhou fama de namorador. "Ele era um destruidor de corações, saía com até três por noite", disse Armando Pittigliani certa vez em entrevista[68].

Os Originais do Samba registraram "Cadê Tereza?" (no disco que leva o nome da banda, de 1969), "Se papai gira" e "Vou me pirulitar" (no álbum *Os Originais do Samba – vol. 2*, de 1969). Gal Costa lançou "Deus é o amor" e "Que pena",

---

tropicália e intensificava repressão pós-AI-5", *Folha de S.Paulo*, 27 dez. 2018, *Ilustrada*, p. B8.

67 Rita Lee, *Rita Lee: uma autobiografia*, São Paulo: Globo Livros, 2016, p. 75.

68 "O alquimista lança o som do verão", *Veja, op. cit.*

com Caetano, em *Gal Costa* (1969). Ela ainda grava "Tuareg" e "País tropical", esta última com Caetano e Gil, no disco *Gal* (1969). Gil, por sua vez, registra "Queremos guerra", apenas em compacto, e Caetano canta "Charles, anjo 45" (escrita com vírgula na versão do baiano), também em compacto, que fala sobre um "Robin Hood dos morros" que "um dia marcou bobeira e foi sem querer tirar férias numa colônia penal". A letra foi inspirada em Charles Antonio Sodré, amigo de Jorge do Rio Comprido, que "tinha ponto de bicho, boca de fumo, uma pistola 45, foi preso e condenado"[69].

"Os tropicalistas o apoiaram e Caetano considera 'Charles Anjo 45' não apenas a melhor música que ele já fez, mas a melhor coisa já feita no Brasil", disse Flávio Cavalcanti à época[70]. Embora a música não tenha exatamente sofrido censura, a gravadora de Caetano, a Philips, achou melhor não lançar a faixa, que havia sido registrada pouco antes da prisão dele e de Gil. Temiam que os versos "Antes de acabar as férias o nosso Charles vai voltar / E o morro inteiro feliz assim vai cantar" fossem encaradas como uma provocação relativa à prisão do próprio cantor[71].

O autor registraria a faixa em *Jorge Ben* (1969), o disco que marca sua volta à Philips, a convite de André Midani. Neste, que é considerado um dos grandes trabalhos de sua carreira, Jorge é acompanhado pelos Originais do Samba e pelo Trio Mocotó, que tinha conhecido em São Paulo, na boate Jogral. A produção é de Manoel Barenbein, o mesmo de *Tropicália ou panis et circensis* (1968), álbum símbolo do movimento, que reuniu Gil, Caetano, Mutantes, Gal, Nara Leão, Torquato Neto,

---

69 Zuza Homem de Mello, *A era dos festivais: uma parábola*, São Paulo: Editora 34, 2003, p. 342.

70 Flávio Cavalcanti, *Correio da Manhã*, op. cit.

71 Caetano Veloso, op. cit., p. 409.

Capinam e Tom Zé. Rogério Duprat, o maestro da tropicália, fez os arranjos de duas faixas, "Barbarella" e "Descobri que sou um anjo". As outras nove foram arranjadas por José Briamonte.

Em *Jorge Ben*, ele grava o já sucesso "País tropical" e alguns futuros clássicos de sua carreira: "Take It Easy My Brother Charles" (irmã de "Charles Anjo 45", também registrada no álbum), "Bebete vãobora" (mais uma de suas musas) e "Cadê Teresa" (aqui grafada com s, mais uma homenagem à sua amada Domingas Terezinha). "Criola", que celebra a mulher negra, é tributo a sua mãe e faz referência a Gilberto Gil: "E como já dizia o poeta Gil / Que negra é a soma de todas as cores". Pela primeira vez, ele apresenta um tema que fala sobre outras galáxias, "Barbarella", homenagem ao filme de 1968.

A capa, do artista plástico Albery, traz o próprio Jorge Ben em ilustração que dialoga com a estética tropicalista. O som, no entanto, é influenciado pelo movimento (ou seria o contrário?), mas à moda de Jorge Ben, com personalidade própria e inimitável. Samba, blues, rock e pop são misturados com a assinatura marcante do artista. O Trio Mocotó, que o acompanhou em boa parte das faixas, contava com formação pouco usual para a MPB: Fritz Escovão (cuíca), João Parahyba (percussão e bateria) e Nereu Gargalo (pandeiro). Os músicos eram contratados da Jogral, onde atuavam como banda de apoio de nomes como Clementina de Jesus, Nelson Cavaquinho, Cartola e Paulo Vanzolini, tendo tocado com talentos como Dizzy Gillespie e Duke Ellington.

O nome do grupo vinha de uma brincadeira com o que na época era uma gíria para o joelho feminino. De tanto falarem do "mocotó" das moças de minissaia, o trio acabou ganhando esse apelido dos artistas que passavam pela boate. Além disso, dizem, havia um duplo sentido: "mocotó" era também o órgão sexual das mulheres. A partir daí, Jorge Ben compôs "Eu também quero mocotó". De acordo com André Midani, Jorge não quis cantar a música no IV Festival Internacional da Canção, em 1969, porque Domingas não iria gostar. Simonal também não quis interpretar, mas sugeriu Erlon Chaves[72].

Quando Ben e o grupo participaram do festival, com "Charles Anjo 45", eles se tornaram oficialmente Trio Mocotó. Jorge contou ao *Pasquim*: "Vai muita menininha lá [na Jogral], com o mocotó grande e fica assim, sentadinha, de perna cruzada. Mocotó é uma gíria lá da gente. Eu estava cantando e sem querer, tinha uma menina assim em frente, eu disse: 'poxa, que mocotó, hein?'. No microfone. Aí todo mundo riu. E saiu a música: uma brincadeira"[73].

Jorge Ben conta que nunca buscou fazer parte de nenhum movimento: eles é que o adotaram. "Quando era jovem guarda, eu fui convidado pelo Erasmo e pelo Roberto para participar (do programa de TV). Quando era bossa nova, fomos lá para cantar no *Fino da Bossa*, que não era a minha praia. E essas coisas aí. Chegou a bossa nova, chegou a jovem guarda, chegou a tropicália..."[74], lembra ele, que se sentiu muito feliz ao ver os tropicalistas gravando suas músicas.

> Foi uma alegria total, porque a gente pensava igual. Caetano tocando, pensando, falando... O

---

72 Defendida por Erlon Chaves & sua Banda Veneno no V Festival Internacional da Canção, em 1970, que escandalizou com uma performance de teor erótico em que era cercado por mulheres brancas que o beijavam e simularam sexo oral. Cf. André Midani, *op. cit.*, pp. 128-30. Acabou detido por três dias. Chaves morreu em 14 de novembro de 1974, aos 40 anos, ao ter um infarto em uma discussão em que, dizem, defendia veementemente Simonal.

73 "Sou sensual mas não sou tarado", *O Pasquim, op. cit.*

74 Entrevista à autora em maio de 2020.

Caetano sempre foi poético falando. Falando com aquela alegria. Ele tinha uma coisa zen nas palavras dele. Era sempre suave, doce. Gil tinha aquele toque de guerreiro, aquele toque de guerreiro que vinha fazer alguma coisa melhor. Tínhamos a Gal Costa, linda, maravilhosa... Era bonita, "Miss Brasil", linda, com aquela voz que até hoje está difícil de achar alguém com aquela voz: linda, linda, linda. Então eu peguei esse grupo. Gostavam das minhas músicas. E aí foi. Podia cantar e falar o que eu queria. Tanto que, no programa *Divino, Maravilhoso*, em que tivemos dois grandes diretores, (Antônio) Abujamra e Fernando Faro, a gente gravava uma vez por semana, sem saber se o programa iria ao ar, mas a gente ia lá e gravava... E as músicas saíam. Na tropicália, eu fiz músicas estilo tropicalismo: saiu "olha a banana / olha o bananeiro", "Charles Anjo 45"... E todas essas coisas. Foram surgindo outras músicas. "Criola": "uma linda dama negra / a rainha do samba / mais bela da festa / a dona da feira / uma fiel representante brasileira". E foi saindo. Saíram várias, várias, várias... Eles me escutavam e eu os escutava. Nenhum imitava o outro. O bacana era isso: fazer diferente. E mostrava: "está bom aqui, pô?", "gostou?", "gostei", "ficou bom, pô". Então era uma competição, "se ele fez uma coisa boa, vamos fazer outra".[75]

Em 1970, ele lança aquele que é considerado seu disco mais melancólico, *Força bruta*. Manoel Barenbein mais uma vez assinava a produção. Jorge foi acompanhado pelo Trio Mocotó, e o álbum foi gravado em três dias, entre Rio (estúdio C.B.D.) e São Paulo (Scatena). O artista mostrava as canções para o trio só na hora das gravações, o que seria muito frequente em sua carreira, garantindo um clima

---

75 Entrevista à autora em maio de 2020.

espontâneo aos registros. Ben tocou violão e viola caipira de dez cordas (em "Apareceu Aparecida" e "Mulher brasileira"). Ele também tocou com a boca um diapasão, dispositivo normalmente usado para afinação de instrumentos. Além da percussão do trio, o registro ainda tem o apito de um trem de brinquedo, tocado por João Parahyba.

"Oba, lá vem ela" e "O telefone tocou novamente" são as faixas mais famosas de *Força bruta*, mas outras merecem destaque. "Charles Jr." seria o filho de "Charles Anjo 45". "Terezinha" é inteira cantada com voz anasalada (com se estivesse com o nariz entupido mesmo), referência ao bordão de Chacrinha na TV, mas também uma daquelas ousadias bem-humoradas de Jorge, que brincava com as possibilidades de seu cantar, alternando falsetes, melismas (heranças dos tempos de canto gregoriano no seminário, segundo ele, mas que davam um tom afro-árabe às suas canções) e acento blueseiro. Na tristonha "Zé Canjica" faz sotaque paulista em "chovendo", marcando bem o gerúndio: será uma homenagem a sua amada Domingas?

DÉCADA DE 70

Seu próximo trabalho, *Negro é lindo* (1971), ecoava a cultura negra norte-americana não só nas sonoridades ou nas músicas que exaltavam figuras negras: o título do disco é uma referência a uma das frases-símbolo da luta pelos direitos civis dos negros nos Estados Unidos, "*black is beautiful*". A escolha do nome era ousada, já que a ditadura militar defendia que havia uma democracia racial no Brasil, tendo até suprimido a pergunta sobre cor/raça no censo do ano anterior.

O conceito tinha se difundido sobretudo a partir da publicação de *Casa-grande & senzala* (de 1933), de Gilberto Freyre. Embora não utilize essa expressão no livro, o autor defende que aconteceu uma integração pacífica entre as raças existentes no Brasil no período colonial, ignorando a forma violenta como a miscigenação ocorreu no país, com o estupro de mulheres negras e indígenas:

> A verdade é que no Brasil, ao contrário do que se observa em outros países da América e da África de recente colonização europeia, a cultura primitiva – tanto a ameríndia como a africana – não se vem isolando em bolões duros, secos, indigestos, inassimiláveis; ao sistema social do europeu. Muito menos estratificando-se em arcaísmos e curiosidades etnográficas. Faz-se sentir na presença viva, útil, ativa, e não apenas pitoresca, de elementos com atuação criadora no desenvolvimento nacional. Nem as relações sociais entre as duas raças, a conquistadora e a indígena, aguçaram-se nunca na antipatia ou no ódio cujo ranger, de tão adstringente, chega-nos aos ouvidos de todos os países de colonização anglo-saxônica e protestante. Suavizou-as aqui o óleo lúbrico da profunda miscigenação, quer a livre e danada, quer a regular e cristã sob a bênção dos padres e pelo incitamento da Igreja e do Estado.[76]

Para Freyre, o português seria "menos cruel" que os demais colonizadores europeus na relação com as outras raças:

> O escravocrata terrível que só faltou transportar da África para a América, em navios imundos, que de longe se adivinhavam pela inhaca, a população inteira de negros, foi por outro lado o colonizador europeu que melhor confraternizou com as raças chamadas inferiores. O menos cruel

---

76 Gilberto Freyre, *Casa-grande & senzala*, São Paulo: Global, 2003.

nas relações com os escravos. É verdade que, em grande parte, pela impossibilidade de constituir-se em aristocracia europeia nos trópicos: escasseava-lhe para tanto o capital, senão em homens, em mulheres brancas. Mas independente da falta ou escassez de mulher branca o português sempre pendeu para o contato voluptuoso com mulher exótica. Para o cruzamento e miscigenação. Tendência que parece resultar da plasticidade social, maior no português que em qualquer outro colonizador europeu.[77]

Em alguns anos, isso culminaria na repressão explícita a manifestações da cultura negra, com a perseguição aos bailes black no Rio de Janeiro. Em 1976, Asfilófio de Oliveira Filho, o Dom Filó, foi capturado quando saía do Renascença Clube, tradicional reduto negro, e levado para uma sala úmida onde passou por interrogatório e tortura psicológica[78].

Três músicas passam por essa temática: além da canção que dá título ao álbum, temos "Cassius Marcelo Clay", parceria com Toquinho, em homenagem a Muhammad Ali, famoso pugilista e militante do movimento negro americano, e "Zula", que exalta a mais famosa modelo negra do país na época. Mas foi a aparentemente inocente "Porque é proibido pisar na grama" que chamou a atenção dos militares. Mais especificamente os versos "Preciso mandar um cartão-postal para o exterior / Para o meu amigo Big Joney", que encararam como uma referência aos brasileiros exilados. Em entrevista à autora em 2011, Jorge disse que André Midani, então diretor da gravadora, foi chamado a prestar esclarecimentos à censura por conta da música.

---

[77] *Ibidem.*

[78] Flávia Oliveira, "Ditadura perseguiu até bailes black no Rio de Janeiro", *O Globo*, 11 jul. 2015.

Já "Rita Jeep", que abre o trabalho, é uma homenagem a Rita Lee. Jorge explicou que a canção surgiu em uma turnê dele com Os Mutantes:

> E a Rita tinha um jipe, a Rita tinha mania de carro grande. Ela e os Mutantes. [...] Eu vi a Rita no jipe e fiz a música: "Rita Jeep, sujeita"... Como a gente estava pelo Nordeste, a frase lá era muito de "sujeita", "essa sujeita", aí saiu: "Rita Jeep, sujeita, você é um barato / terrivelmente feminina / com você eu faço um trato / um trato de comunhão de bem / o negócio é o seguinte: / você é minha e eu sou seu também". Mas não houve nada de namoro, pode perguntar à Rita (risos).[79]

Negro é lindo tem também um dos maiores sucessos da carreira de Jorge, "Que maravilha", parceria com Toquinho. No álbum, ele repete a dobradinha com o Trio Mocotó e estreia a parceria com o produtor Paulinho Tapajós, que duraria até *A tábua de esmeralda*. O álbum de 1971 tem arranjos de Arthur Verocai.

O ano de 1972 é repleto de lançamentos emblemáticos. Um grupo de cantores e compositores mineiros surgia com *Clube da Esquina*, disco que promovia o encontro dos Beatles com a música brasileira. Caetano vinha com o experimental *Araçá azul* (que na época teve um recorde de devoluções, mas viria a se tornar um dos mais cultuados da carreira do baiano). Gil lançava o futuro clássico *Expresso 2222*. Jorge Ben também não ficou de fora e veio com aquele que é considerado um de seus melhores álbuns, disputando a preferência dos admiradores com *A tábua de esmeralda* e *África Brasil*.

Em *Ben* (1972), a estética dos negros norte-americanos parecia ter pego Jorge Ben ainda mais profundamente. A começar pela foto da capa, que

---

[79] *Roda Viva*, op. cit.

trazia o artista com um penteado *black power*. A música da diáspora africana estava cada vez mais presente, fosse pelo acento que se alternava entre blues e árabe de seu canto – cada vez mais permeado de ancestralidade –, fosse pela delicada e inventiva mistura de soul, funk, samba, rock e jazz.

Ben tem tantos clássicos que fica difícil destacá-los. O disco abre com "Morre o burro, fica o homem", um pragmático conselho amoroso; segue com "O circo chegou", mais uma vez o imaginário infantil na obra do artista, em imagens como "o macaco cientista" e "a mulher do homem que come raio-laser" (em que pronuncia "leise" para rimar com "Deise", um tipo de licença poética comum em sua obra); novamente o pragmatismo na vida afetiva em "Paz e arroz"; duas das melhores baladas de sua carreira, "Moça", com letra de clima *new age* (em que retoma a imagem de "fazer flores e estrelas" presente em "Frases", de *O Bidú*), e "Que nega é essa?", novamente o amor afrocentrado; a devoção a seu santo padroeiro em "Domingo 23"; e as referências a Dostoiévski em "As rosas eram todas amarelas".

Dois grandes sucessos de sua carreira estão nesse disco: "Taj Mahal", em versão praticamente instrumental (nessa gravação, ela ainda não tem a letra completa), e "Fio Maravilha". A história desta última narrava um gol que, segundo o jogador, aconteceu num amistoso do Flamengo contra o Benfica, em 15 de janeiro daquele mesmo ano. Defendida por Maria Alcina, despontou no VII Festival Internacional da Canção, da Globo, em um ano conturbado: todo o júri, presidido por Nara Leão, foi trocado por uma bancada formada por estrangeiros, presidida por Lee Zitho, editor da *Billboard*. Solano Ribeiro, diretor artístico do evento, afirmou que os militares ordenaram que tirassem a cantora da função. Outra versão da história, defendida por dois integrantes do júri destituído, o maestro Rogério Duprat e o poeta Décio Pignatari, afirma que na verdade a intenção da emissora era impedir que a música "Cabeça", de Walter Franco, ganhasse[80]. O jornalista e escritor Roberto Freire tentou ler um manifesto e foi espancado no camarim[81].

No ano seguinte, Fio – na verdade João Batista de Sales, então jogador do Flamengo – processou o artista. "Eu procurei saber quais eram os meus direitos, na época. O meu advogado procurou o Jorge Ben para saber se eu tinha direitos a receber. Ele estava muito ocupado, não atendeu a gente. Então, o advogado foi à Justiça saber quais eram os meus direitos", disse Sales em 1994[82]. Jorge passou a cantar "Filho Maravilha" em vez de "Fio". Por diversas vezes, Fio se mostrou arrependido e afirmou ter sido tudo um "mal-entendido"[83].

O Trio Mocotó ainda acompanha o artista no álbum *On Stage*, gravado ao vivo no Japão e lançado também em 1972 naquele país. O disco traz,

---

80 Carlos Bozzo Junior, "Militares regeram festival de música da Globo em 72", *Folha de S.Paulo*, 27 maio 2000, Ilustrada, p. E1, disponível em: <https://www1.folha.uol.com.br/fsp/ilustrad/fq2705200006.htm>, acesso em: jun. 2020.

81 Zuza Homem de Mello, *A era dos festivais: uma parábola*, op. cit., p. 422.

82 Mauricio Stycer, "Fio 'Maravilha' prevê fracasso da Copa", *Folha de S.Paulo*, 17 abr. 1994, Esporte, p. 8, disponível em: <https://www1.folha.uol.com.br/fsp/1994/4/17/esporte/27.html>, acesso em: jun. 2020.

83 Em 2007, o programa *Esporte Espetacular* mostrou uma mensagem de Fio para Jorge Ben para "selar a paz" entre os dois, como mostra reportagem do *Globo Esporte* de 31 de julho de 2013. Cf. "Eternizado em música, Fio Maravilha se emociona ao voltar ao Maracanã", *Globo Esporte*, 31 jul. 2013, disponível em: <http://globoesporte.globo.com/futebol/times/flamengo/noticia/2013/07/pela-1-vez-desde-que-se-aposentou-fio-maravilha-volta-ao-maracana.html>, acesso em: jun. 2020.

entre outras, "Mas que nada", "Charles Jr.", "Que pena", "Domenica domingava num domingo linda toda de branco" e um medley com "Cidade maravilhosa" e o Hino do Flamengo.

10 anos depois, que saiu em 1973, também produzido por Tapajós, trouxe pela primeira vez um registro do formato que passou a ser adotado naquela época para seus shows e que é mantido até hoje: sucessos agrupados em *medleys*. São sete faixas com três canções em cada, além de uma chamada "Vinheta", que diz: "Queremos pizza / Queremos café / Queremos pizza / Queremos café / Se for possível uma coca-cola bem gelada / E uma água tônica com gás / Olha, meu amigo / Escute bem o que eu vou falar / Se não me der / A gravação não sai / Do meu Brasil".

Foi um tanto decepcionante para quem vinha se superando a cada disco, num crescente de qualidade artística. Mas, pelo visto, Jorge estava se guardando. Em 1974, ele lançaria o primeiro álbum daquela que é considerada sua fase de ouro.

3

OS ALQUIMISTAS ESTÃO CHEGANDO

Logo de cara, *A tábua de esmeralda*, de 1974, chamava a atenção por falar de um tema considerado um tanto exótico: a alquimia. O nome remetia ao texto que, acredita-se, teria dado origem à alquimia. A capa trazia figuras de Nicolas Flamel, conhecido alquimista francês do século XV.

Nada menos do que seis das doze faixas têm a ver com o assunto (ou afins): "Os alquimistas estão chegando os alquimistas", "O homem da gravata florida (a gravata florida de Paracelso)", "Errare humanum est", "Eu vou torcer", "Hermes Trismegisto e sua celeste tábua de esmeralda" (em que musicou o texto que dá nome ao disco) e "O namorado da viúva", sobre Flamel e sua mulher. A primeira versão de "Zumbi", uma exaltação ao símbolo da insurreição negra no Brasil, é deste trabalho. "Cinco minutos (5 minutos)" é outro clássico registrado no *Tábua*.

O inglês mais que especial de Jorge marca presença em "Brother", outra que se tornaria *cult*. A canção foi inspirada no gospel norte-americano, "aquela música de igreja daqueles negros, da Mahalia Jackson, louvando Deus"[84]. A letra não deixa dúvida, com uma espécie de refrão que diz: "*Jesus Christ is my Lord / Jesus Christ is my friend*".

No mesmo ano, por sinal, Tim Maia registra o volume um de *Racional*, influenciado pela seita Cultura Racional e pelo livro *Universo em desencanto* (que contagiaram outros artistas na época, como Jackson do Pandeiro, que naquele mesmo ano grava a faixa "Mundo de paz e amor", do disco *Nossas raízes*). Coincidência ou não, estão entre os discos mais cultuados de Tim e Jorge. Raul também vinha com *Gita*, nome que remetia ao Bhagavad Gita, um dos textos sagrados do hinduísmo. Além da música-título, o disco também trazia "Sociedade alternativa", inspirada no Thelema, espécie de doutrina do ocultista britânico Aleister Crowley. A "Nova Era" (ou "Era de Aquário") estava no ar. Todos pareciam interessados em saber se eram os deuses astronautas.

Tábua e seu tema um tanto quanto incomum foram muito bem recebidos. Um dos mais temidos nomes da crítica, José Ramos Tinhorão, afirmou no *Jornal do Brasil* que o disco era "original, imprevisto, inventivo, colorido, ágil e sobretudo poético"[85]. Ao *Diário de Notícias*, Jorge afirmou que vinha procurando trazer os ensinamentos alquimistas para suas composições: "Tenho muito respeito e admiração pelo trabalho de um alquimista, pois ele dedica toda a sua vida a estudar e procurar com uma fé e perseverança não comparável a coisa

---

84 Tárik de Souza, "Jorge solo e (bem) acompanhado", *op. cit.*

85 J. R. Tinhorão, "O gênio de Jorge Ben ou ninguém pode mudar o chumbo em ouro", *Jornal do Brasil*, coluna Música Popular, 27 maio 1974.

alguma. Desde o LP *Ben* venho fazendo este trabalho, em 'Moça' e 'As rosas eram todas amarelas' já há o reflexo do estudo e da tentativa de aplicar tudo isto à minha música"[86].

O próprio Jorge Ben já afirmou algumas vezes que este é um de seus álbuns preferidos. Em 2007, ele afirmou ao *Globo Online*: "Eu poderia dizer que o meu melhor disco é *Samba esquema novo* (1963), por causa das minhas três músicas que foram sucesso quase ao mesmo tempo: 'Mas que nada', 'Chove chuva' e 'Por causa de você, menina'. Mas o meu melhor disco, o disco que me faz sorrir, me faz falar com orgulho dele, é *A tábua de esmeralda* e a continuação dele que é o *Solta o pavão* (1975)"[87].

Em 2011, ele chegou a afirmar em entrevista à autora deste livro que estava ensaiando as músicas do álbum para realizar um show com esse repertório, após uma campanha realizada pela plataforma de *crowdfunding* de shows Queremos. Ben afirmou que rodaria o Brasil. Porém, essa turnê nunca aconteceu[88].

OGUM XANGÔ

O ano seguinte, 1975, foi movimentado para Jorge: ele lançou três álbuns e gravou um quarto, justamente *Tropical*, que sairia na Inglaterra no ano seguinte. O primeiro deles foi *Gil e Jorge: Ogum Xangô*, registro improvável ao lado de Gilberto Gil que surgiu de forma completamente espontânea. O nome é referência ao orixá de cada um: Ogum

---

86 "A alquimia musical de Jorge Ben", *Diário de Notícias*, seção Discos, 8 maio 1974.

87 Márcia Abos, "'Sou um arquimista musical', diz Jorge Ben Jor", *O Globo Online*, 8 maio 2007.

88 Kamille Viola, "Jorge Ben Jor revela como será o show de seu cultuado disco *A tábua de esmeralda*", *O Dia*, 28 maio 2011.

(Jorge) e Xangô (Gil). A capa, assinada por Rogério Duarte e Aldo Luiz, traz a foto de dois búzios.

Cat Stevens tinha vindo diversas vezes ao Brasil durante 1974, tendo chegado a anunciar que queria comprar uma casa em Cabo Frio e se estabelecer no país. Ainda estava por aqui quando André Midani, então presidente da gravadora Philips, recebeu um telefonema do produtor Robert Stigwood (que foi empresário dos grupos Bee Gees e Cream) contando que ele e Eric Clapton iriam passar férias no Brasil naquele ano e que o astro inglês gostaria de participar de uma reunião com artistas brasileiros. Midani convidou Gil, Erasmo Carlos, Rita Lee, Caetano Veloso, Nelson Motta, Stevens e Jorge Ben para um jantar em sua casa, como conta o produtor:

> O Eric chegou com uma magnífica guitarra branca. Gil, Jorge e Stevens estavam com seus violões ou suas guitarras. Sentados em círculo no chão, Jorge, Gil, Stevens e Clapton deram início a uma incrível *jam session*. [...] Cat Stevens foi o primeiro a sair:
> – Eu não sou guitarrista para enfrentar isso – disse. Pouco depois, foi a vez do Clapton largar sua guitarra e se transformar num espectador fascinado. De tal maneira que ficaram o Jorge e o Gil tocando um frente ao outro, visitando mundos musicais estranhos e desconhecidos para mim, um comum mortal que assistia ao concerto como um desafio entre cavaleiros medievais africanos. O Gil improvisava, dava voltas e voltas de assustadora virtuosidade, enquanto o Jorge, impávido, conservava a sua essência fundamental, que é o ritmo. De vez em quando, à custa de vertiginosas manobras, Gil se apoderava do ritmo por minutos, que Jorge retomava; outras vezes, seguravam o ritmo juntos. Minha sensação era de que tinham se fundido por uma força magnética poderosa.

[...]
Antes que todos fossem embora, e ainda celebrando aquela festa, pedi aos dois que entrassem em estúdio o mais rápido possível para registrar aquela importante colaboração artística, sob a supervisão de seus produtores, Paulinho Tapajós e Perinho Albuquerque. Dali nasceu o antológico álbum duplo *Gil & Jorge*.[89]

"Fizemos um showzinho à parte", diverte-se Jorge ao lembrar aquela noite mágica.

Uma reportagem de 1975 afirma que os dois haviam se conhecido em Salvador. "O primeiro encontro foi por volta de 64, 65. Jorge Ben, artista famoso, encarou a Concha Acústica em Salvador, e recebeu a família Veloso – todos admiradores – no camarim. Com ela, um compositor de *jingles*, um certo Gilberto Gil, explicou que formavam um grupo e estavam se apresentando nos teatros locais: Gil, Caetano, Maria Bethania, Tom Zé, Gracinha, aliás Gal Costa, Tuzé de Abreu, Perinho..."[90]

Gil não se recorda do encontro em Salvador, mas diz que a aproximação aconteceu quando ambos foram morar em São Paulo.

> Pessoalmente, eu tenho impressão que foi – não posso precisar exatamente o momento –, mas foi ali quando eu vim para São Paulo, em 1965, e comecei a conviver com todo aquele ambiente musical dos novos autores, dos novos artistas, o Edu Lobo, Geraldo Vandré, os novos intérpretes, a Elis Regina, enfim, todo aquele momento. Aquele tempo ali, acabou que, num momento qualquer, nós nos cruzamos ali. Ele [...] começava a se apresentar nos programas de televisão, que eram uma forma nova de divulgação

---

89 André Midani, *op. cit.*, pp. 147-8.
90 Tárik de Souza, "Jorge solo e (bem) acompanhado", *op. cit.*

de música no país, enfim, e aí nós nos encontramos em algum daqueles lugares, num corredor daqueles da TV Record, um lugar daqueles ali de São Paulo. Agora, esse foi o nosso encontro pessoal. O meu encontro artístico com ele já havia se dado quando eu ouvi o disco *Samba esquema novo* na Bahia, quando saiu o disco dele, *Samba esquema novo*, eu ainda em Salvador e completamente encantado por aquela música, por aquele modo de cantar, de tocar, de compor, de tudo, aquela novidade extraordinária que ele representou. A tal ponto que eu, num determinado momento, disse assim: "Bom, eu agora acho que não preciso nem pensar mais em ficar fazendo músicas e coisas desse tipo, basta eu cantar Jorge Ben que já está legal" (risos).[91]

Já Jorge afirma que eles se conheceram por meio do empresário Guilherme Araújo (1936-2007). "O Guilherme Araújo me convidou para participar do grupo, se eu queria entrar para o grupo, eles estavam montando um grupo de tropicália que tinha os baianos, Gilberto Gil, Gal, Caetano, Bethânia e o Tom Zé. Ele me falou: 'Você quer participar?'. Eu falo: 'Claro! Se eles deixarem, eu quero participar.' Foi aí que eu conheci o Gil", diz[92].

Para o artista, tanto ele como Gilberto Gil sempre procuraram retratar a cultura negra em suas canções:

> Eu queria mostrar o negro. O negro aqui é tratado como escravo. Os primeiros negros aqui, que eu cito na minha música, que são Angola, Congo, Benguela, Monjolo, Cabinda, Mina, Quiloa e Rebolo [trecho da música "Zumbi", registrada no álbum *A tábua de esmeralda* e

---

91 Entrevista à autora em abril de 2020.
92 Entrevista à autora em maio de 2020.

> regravada como "África Brasil (Zumbi)" neste disco de 1976], representam etnias africanas, não escravos. Saíram de lá como africanos e aqui chegaram como escravos. Eu quis mostrar isso: que o negro, antes de tudo, é simpático, inteligente, livre e bonito. Lindo. Eu sempre quis mostrar isso nas minhas músicas. E o Gil também sempre mostrou isso. Tivemos vários ídolos negros, maravilhosos, e que naquela época braba já eram grandes escritores, já tínhamos grandes negros com grandes inteligências. Machado de Assis... Nas escolas não ensinam isso, e isso é difícil. E nós procuramos falar. E outros que têm aí: Abdias Nascimento, muitos outros. E a gente se preocupava em falar disso, dos negros, das tendências, sem ferir ninguém. Com um pouco só de ostentação.[93]

Apesar de reunir os dois talentos e grandes sucessos de suas carreiras, *Gil e Jorge* não teve vendas espetaculares, o que era compreensível, diante de sua ousadia. É um LP duplo, com quase uma hora e vinte de duração, com nove faixas, que vão de seis a mais de 14 minutos. O primeiro disco, por exemplo, tem somente duas canções de cada lado. De seu repertório, Jorge trouxe "Taj Mahal", "Morre o burro, fica o homem", "Quem mandou (pé na estrada)", que tinha sido gravada antes por Wilson Simonal, e "Meu glorioso São Cristóvão", inspirada pela oração que ele levava no bolso e criada na hora, no estúdio – assim como "Jurubeba", de Gil. Com assinatura do baiano estão ainda "Filhos de Gandhi" (em seu primeiro registro em estúdio), "Nêga" (do disco *Gilberto Gil*, de 1971) e "Essa é pra tocar no rádio" (que sairia meses depois no álbum *Refazenda*). Os dois dividem a autoria de "Sarro", também inédita. Segundo Jorge, Gil usou uma guitarra

---

[93] Entrevista à autora em maio de 2020.

Gibson acústica na maior parte do tempo, enquanto Ben revezou seus dois violões, um Giannini e um Di Giorgio, apesar de naquela época já ter adotado o violão eletrificado Ovation. O encarte, no entanto, credita tanto Jorge como Gil no violão.

Em entrevista em 2009, Gil lembrou os momentos no estúdio, destacando a imprevisibilidade de Jorge Ben:

> Tivemos passe livre. Jorge é muito audacioso, embora possa não parecer, pelo conjunto das coisas e do comportamento dele, do modo como ele reage ao mundo. Não parece, mas, na coisa artística, na realização musical, ele é muito arrojado, muito solto e livre. Ele é um *bluesman*, como se fosse um daqueles americanos libertários e fortes. Quem conduziu o disco para aquela situação foi Jorge. Lembro muito bem de um momento em que tínhamos preparado uma canção dele pra gravar, nós ali naquele papo "vamos ensaiar a tonalidade", começamos, "tá gravando!", ele ordenou a introdução, mas entrou em outra música, entrou em "Morre o burro, fica o homem", que não era aquela que a gente iria gravar. Fui seguindo ele, fomos todos seguindo Jorge, e ficou assim mesmo. Pra você perceber o grau de liberdade, improvisação e descontração das sessões.[94]

Jorge Ben contou à época que Cat Stevens tinha participado tocando piano em uma faixa, que acabou ficando de fora. "Tinha ficado boa, era um tema do próprio Cat, mas a gente tocava, tocava, três horas de estúdio e o homem achava que não era bem assim", disse. "Tinha também uma só de ritmo.

---

94 Marcelo Pinheiro, "O transe negroide de Ogum e Xangô", *Brasileiros*, 7 nov. 2013. Na entrevista, o autor cita uma conversa anterior que havia tido com Gil.

Eu no atabaque, Wagner, o baixista, no ganzá, Gil tocando numas cuias, mas também não entrou."[95] O álbum traz ainda o então recém-descoberto Djalma Corrêa na percussão e Wagner Dias no baixo.

Ele lembra que, com a urgência de tudo, não encontraram estúdio livre na gravadora e foram parar em um lugar inusitado.

> Porque, naquele tempo, só as gravadoras é que tinham estúdio de gravação. Não tinha a tecnologia que tem hoje, que todo mundo tem em casa, no banheiro... Eu tenho dois estúdios: um no banheiro, o outro na sala. É tudo portátil, pequenininho, japonês. Naquele tempo, não. Só as gravadoras tinham estúdios, estúdios grandes. E na Polygram os estúdios estavam ocupados com outros músicos. Não podia gravar. Aí arrumaram um estúdio, incrível, *underground*, na Central do Brasil. Foi um espetáculo. Além do disco – maravilhoso, modéstia à parte – que a gente fez, foi maravilhosa a gravação porque a gente tinha que parar... O técnico ficava olhando no relógio: "Ó, o trem vai passar, vai ter que parar a gravação porque vai mexer". Mexia o estúdio todo, o trem passando (risos). Balançava o estúdio: "Para, para!" (risos). Aí esperava o trem passar. "Daqui a uma hora vem outro, então vamos." A noite toda. Esse disco foi maravilhoso. Foram dois dias, sem estresse: dois violões, uma percussão e um contrabaixo. Em dois dias gravamos tudo. E gravamos músicas inéditas.[96]

E continua, sobre *Gil e Jorge: Ogum Xangô*:

> Na hora lá no estúdio, me baixou "São Cristóvão", eu fiz a música para São Cristóvão, da

---

95 Tárik de Souza, "Jorge solo e (bem) acompanhado", *op. cit*.
96 Entrevista à autora em maio de 2020.

> Oração de São Cristóvão. E a gente foi gravando as que a gente tinha. O Gil mostrou "Nêga", que é uma música em inglês, linda, linda, linda. Essa música eu sempre peço ao Gil para tocar. Tocamos ela muito bem lá na gravação. Ela deve estar num LP do Gil lançado depois daquela rebelião toda, em que ele teve que sair daqui para Londres [*Gilberto Gil*, de 1971]. A gente se encontrou em Londres também, foi demais. E aí, como eu estava dizendo, *Gil e Jorge*... Eu falei: depois disso tudo, não dá para fazer outro, porque a gente não vai fazer igual. Não adianta programar, que não vai fazer igual. Tinha que ser naquele momento: pá, pá, pá. E nem mesmo shows a gente fez.[97]

As críticas, em geral, foram positivas: "[...] mesmo entre aquelas faixas mais longas, o nível do trabalho é tão alto que – na maior parte delas – o tempo, verdadeiramente, voa", comentou Julio Hungria no jornal *Opinião*[98]. "O duelo negro e luminoso entre Gilberto Gil e Jorge Ben escapa a quase todas as definições: é pura música absoluta", opinou Ana Maria Bahiana[99].

Só 44 anos depois voltaria a acontecer uma parceria entre eles, quando compuseram "Ela diz que me ama" para Roberta Sá gravar, a pedido da cantora. A música foi registrada no disco *Giro*, de 2019, com a participação dos dois veteranos – o álbum é todo de canções inéditas com a assinatura de Gil. Coincidência ou não, eles voltaram a compor depois que se tornaram vizinhos, em 2018, quando Jorge foi morar no Copacabana Palace, e Gil, no

---

97 Entrevista à autora em maio de 2020.

98 Julio Hungria, "Preto no Preto", *Opinião*, n. 127, 11 abr. 1975, p. 24.

99 Ana Maria Bahiana, "O esqueleto nu e pobre de um show", *Opinião*, n. 147, 29 ago. 1975, p. 20.

Edifício Chopin, que fica ao lado. Na ocasião de lançamento do *single*, o baiano disse: "*Samba esquema novo* teve pra mim o mesmo impacto que *Chega de saudade*. Gostaria de ser muitas pessoas, mas Jorge é quem mais gostaria de ser"[100].

ADMIRAL JORGE V

Naquele mesmo ano de 1975, Ben resolveu mudar sua banda. O primeiro nome em que pensou foi no de Eduardo Magalhães de Carvalho, o Dadi, jovem baixista que tinha despontado como integrante dos Novos Baianos, grupo para o qual entrou em 1970, aos 18 anos. No fim de 1974, Moraes Moreira tinha deixado a banda, e Dadi também começou a se sentir infeliz ali. Acabou saindo. Tinha gravado o primeiro disco solo do ex-companheiro de banda (*Moraes Moreira*, lançado em 1975) quando foi convidado por Jorge.

Dadi tinha voltado a morar com os pais após a saída do grupo. A casa ficava cheia de amigos da família, que varavam a madrugada por lá. Nara Leão e Roberto Menescal eram alguns dos que frequentavam o lugar. Jorge Ben era outro que estava sempre por lá, acompanhado da mulher, Domingas, a "Mingas". "Ele ia muito na minha casa, minha família toda trabalhava com música: meu irmão (Sérgio) na Polygram, minha irmã (Heloísa), na EMI. E minha irmã namorava o Paulinho Tapajós, que tinha produzido *A tábua de esmeralda*, que é um disco que todo mundo adora. E o Jorge ia no show dos Novos Baianos e me via tocar, né?"[101]

Dadi tinha herdado do período que passara nos Novos Baianos o hábito de fumar maconha e não

---

100 Leonardo Lichote, "Gil e Jorge Ben Jor retomam parceria na inédita 'Ela diz que me ama'", *O Globo*, 23 mar. 2019.

101 Entrevista à autora em abril de 2019.

sabia que Jorge era abstêmio. Não era nenhum segredo que os Novos Baianos eram muito chegados à erva. "Era uma loucura ali, (eu) fumava muito baseado, e eu não sabia isso do Jorge. E meu pai ficava preocupado comigo, lá, naquela loucura. Aí o Jorge falou com meu pai: 'Eu vou salvar o Dadi'. E me chamou pra tocar na banda dele. Assim que eu saí, ele me chamou"[102], lembra. Jorge Ben não bebia, não fumava e odiava drogas – chegou a declarar ao *Pasquim*, em 1969, quando perguntado sobre maconha:

> Nunca fumei nem cigarro. Nunca bebi. Agora, da erva, conheço mil gentes que tratam disso. Meus camaradas até. [...] Mas eu não posso falar porque eu não conheço. Não sei. Beber, eu nunca gostei. A minha onda é mulher. Acho que, como eu nasci meio muçulmano, eu já nasci com tudo na cuca. Quando eu nasci, me botaram num caldeirão e me fizeram a cabeça quando eu nasci. Então, deve ser por causa disso: eu sinto tudo, na hora que eu estou cantando. Não preciso me ligar em nada porque, quando canto, eu fico ligado.[103]

Em 1976, ele reiteraria à revista *Ele Ela*: "Não bebo e não fumo. Meu barato é futebol e música. Além da praia, é claro. Bebo no Natal e no Ano Novo. Mas uma taça de champanha me faz entrar em órbita. Sou louco assim, por natureza"[104].

Coincidência ou não, Jorge Ben tinha sido o responsável pelo desejo de Dadi, ainda criança, de se tornar músico. Sua mãe era pianista. O irmão mais velho, Sérgio, tinha um trio de bossa nova com os primos. Sem falar na irmã, fã de bossa nova.

---

102 Entrevista à autora em abril de 2019.
103 "Sou sensual mas não sou tarado", *O Pasquim, op. cit.*
104 *Ele Ela, op. cit.*

> A gente morava em Ipanema, num apartamento que tinha um quintal grande, e meus primos eram vizinhos, então era outro quintal, eram dois quintais. Tinha um piano e eles ensaiavam aquele trio de bossa nova, que era baixo acústico, bateria... E eu já estava ligado na música assim. Aí eu vi comprarem lá em casa o disco do Jorge e comecei a ouvir aquilo e fiquei louco. Eu com 9, 10 anos, era "Chove chuva", "Mas que nada", aquilo tomou conta de mim. Ali, nesse lance de ouvir o Jorge, eu falei: "Cara, é isso que eu quero fazer, eu quero fazer música". Eu defini ali. Eu sabia que ia ser isso.[105]

Os primos em questão eram filhos do pianista Homero de Magalhães, criador da escola Pró-Arte Antiqua e primo da mãe de Dadi, e Estela Caldi, com quem o músico teve aulas do instrumento. Homerinho, Alain (fundador do grupo A Barca do Sol), Alexandre e Marcelo Caldi também se tornaram instrumentistas.

Logo no primeiro show, em Florianópolis, numa escala do avião em São Paulo, Jorge se sentou ao lado de Dadi. O jovem músico quis saber o repertório. Ouviu: "Não, fica tranquilo, a gente vai ensaiar. Fica *relax*". Ele conheceu os colegas de banda na hora, entre eles o pianista Eduardo Lages, que hoje é maestro na banda de Roberto Carlos. Eram todos músicos contratados, mais velhos e mais experientes que Dadi, e nunca tinham tocado com Jorge. O baixista, então, pensou que tivesse entrado em uma enrascada: "[...] quando cheguei ao quarto do hotel e conheci o baterista, que ia dividir o quarto comigo, me deu uma certa deprê. Ele era mais velho que eu e começou a arrumar suas roupas no armário, uns conjuntinhos de tergal, e pensei: 'O que eu fiz?, saí de uma banda em que me divertia pra

---

105 Entrevista à autora em abril de 2019.

caramba e estou aqui agora com uma pessoa totalmente diferente de mim'"[106].

No dia seguinte, em direção ao local do show, Dadi perguntou mais uma vez sobre o repertório. Ouviu novamente que devia "ficar *relax*". Porém, não teve ensaio nenhum. "(A gente) subiu no palco, 1, 2, 3, e saímos tocando. Eu olhava para a mão dele o tempo todo, os acordes que ele fazia, já conhecia as músicas dele, lógico"[107], recorda.

No entanto, essa banda só tocou nesse show: apenas Lages e ele continuaram com o cantor. Jorge pediu a ele para arranjar um baterista, e Dadi logo se lembrou de um com quem tinha tocado no disco solo de Moraes, Gustavo Schroeter, que conhecia da banda The Bubbles (da qual também faziam parte Arnaldo Brandão, Renato Ladeira e Pedro Lima).

Dadi ficaria na Admiral até a dissolução da banda, em 1977. Ele ainda gravou *A Banda do Zé Pretinho* com o Jorge e excursionou com ele em paralelo à atividade de sua própria banda, A Cor do Som. Depois, ficaram um bom tempo sem tocar juntos, período em que lançou um trabalho solo, *Dadi* (que saiu em 2005 no Japão e em 2007 no Brasil). Até que se encontraram em um aeroporto "em 2009 ou 2010", e Jorge chamou o baixista para acompanhá-lo em shows no exterior.

De lá para cá, sempre que possível, Dadi toca com Jorge. Além do antigo parceiro, acompanha as turnês de Marisa Monte e dos Tribalistas, e se apresenta com A Cor do Som. Seus filhos também enveredaram pela música: Daniel é engenheiro de som com diversos Grammy no currículo e André

---

[106] Pedro Alexandre Sanches, "Doce", *Farofafá*, 26 jul. 2007, disponível em: <https://farofafa.cartacapital.com.br/2007/07/26/doce/>, acesso em: jun. 2020.

[107] Entrevista à autora em abril de 2019.

é cantor e compositor, gravado por nomes como Djavan, Marisa Monte, Mart'nália e Maria Gadú.

A entrada de Gustavo Schroeter nesta história começa quando ele deixa seu grupo, àquela altura chamado A Bolha, para tocar com Raul Seixas, em 1974. Morava com esposa e filho em um casarão no Rio Comprido, onde ensaiava com sua banda. Após o convite de Raul, foi morar na Gávea, perto do Jockey. Nos primeiros meses de volta à Zona Sul – onde tinha crescido –, esbarrou com Dadi, que o convidou para tocar no disco de Moraes. Nesse trabalho, conheceu o guitarrista baiano Armandinho e Mu, irmão de Dadi, que tocou piano em algumas faixas. Com esses músicos formaria, anos mais tarde, o grupo A Cor do Som.

Um belo dia, em 1975, encontrou-se novamente com Dadi, que o chamou para tocar com Jorge Ben – o baterista que acompanhava Jorge nos discos, Pedrinho "Piloto", era instrumentista de estúdio e não tinha muita disponibilidade para viajar, pois se dividia entre a música e a aviação. Para o jovem pai de família com uma vida financeira instável, era uma chance de ouro, já que Raul não fazia tantos shows assim. "Duas coisas do Dadi: Moraes Moreira e Jorge Ben. Moraes Moreira foi virar A Cor do Som, e Jorge Ben me deu dinheiro e me deu oportunidade. Um mês depois de fazer o primeiro show com Jorge Ben, eu tava em Paris. Vamos combinar? Espetacular! Duas semanas no teatro L'Olympia de Paris!", conta Gustavo[108].

Ele ficaria na Admiral Jorge V até 1977, quando A Cor do Som foi contratada pela Warner. Pediu para sair da Admiral (que Jorge rebatizou de A Banda do Zé Pretinho) e se arrepende de não ter levado as duas coisas paralelamente, assim como de ter deixado A Bolha para trabalhar com Raul em vez de conciliar os dois trabalhos. Gustavo conta que seu grupo "só

---

108 Entrevista à autora em julho de 2019.

foi dar dinheiro quando a gente fez o terceiro LP da Cor do Som (*Frutificar*), em 1979, que a gente cantou 'Beleza pura' (cantarola), 'Swingue menina', e que a gente estourou. [...] Olha só, acho que eu sou o único sujeito da vida do Jorge Ben que pediu pra sair. Era uma fila de trezentos caras atrás de mim querendo entrar no meu lugar, cara", lamenta.

Depois disso, acompanhou nomes como João Donato e Zé Ramalho, com quem tocou por doze anos. Nos anos 2000, voltou a fazer shows com A Cor do Som e A Bolha. Em 2008, acompanhou Jorge em apresentações pela Europa e no Japão, substituindo o baterista da Banda do Zé Pretinho, que tinha se acidentado. Seu filho Pedro Schroeter, também chamado de Pedro Tererê, é baterista conhecido na cena carioca, atualmente na banda Braza.

João Baptista Pereira, o Joãozinho, era um mineiro de Juiz de Fora que tocava com Benito di Paula. Tinha passado por orquestras em sua cidade e depois foi tentar a vida em São Paulo. Havia se especializado em repertório de música cubana. Já estava quase desistindo e voltando para sua terra quando encontrou o baterista Miltinho, um mineiro de São Lourenço criado em Juiz de Fora (que viria a ser conhecido por integrar a banda do programa de Jô Soares na TV). Ele disse a Joãozinho que um amigo estava formando um grupo e que ele poderia fazer parte dele. Era Benito.

Estava havia quatro anos no grupo de Benito quando conheceu Jorge Ben, que encerraria a noite em um festival em Cannes, em 1975. "Ele subiu no palco e me chamou pra dar uma canja com ele. Depois falou: 'Quando chegar no Brasil eu vou te encontrar para a gente conversar no meu escritório'. Aí conversamos", lembra Joãozinho[109], que completou 80 anos em 2019. Casado e com um filho, Serginho, ele disse então que gostaria

---

109 Entrevista à autora em setembro de 2019.

de continuar tocando com Ben, mas voltando a morar em sua cidade, para ficar perto da família. O cantor concordou. Joãozinho ficaria na banda por 13 anos.

Jorge conheceu o pianista João Roberto Vandaluz, o Joãozão, quando ele tocava em boates. Mineiro da pequena cidade de Espera Feliz, participou de orquestras e era formado na Escola Nacional de Música (atual Universidade Federal do Rio de Janeiro)[110]. Chegou a tocar no disco *A tábua de esmeralda* (que não traz créditos dos instrumentistas). Na época da formação da Admiral, tinha dois filhos pequenos: Cláudio e Cecília. Depois de deixar a banda, tocou em hotéis por diversos anos, tendo morado até em Dubai, nos Emirados Árabes. Nos últimos anos, vivia em Vitória, no Espírito Santo, onde ficou até sua morte, em 9 de dezembro de 2019.

PAVÃO MISTERIOSO

Estava formado o novo grupo. Os ensaios aconteciam na casa dos pais de Dadi. Fizeram alguns shows pelo Rio e gravaram um disco. Com produção de Paulinho Tapajós, *Solta o pavão* é considerado uma continuação de *A tábua de esmeralda*, como o próprio Ben chegou a dizer algumas vezes. A capa traz uma ilustração com três pessoas que parecem ser um rei, uma rainha e uma figura que remete a um mago ou alquimista (o arco-íris, um dos símbolos da alquimia, na cabeça, leva a crer que sim), com diversos pavões a seus pés. Do lado esquerdo e do lado direito, desenhos representando

---

[110] João Roberto Vandaluz estava hospitalizado quando a autora deste livro finalmente conseguiu contato com um de seus filhos, João Roberto Vandaluz Junior. Depois de cerca de três meses internado, teve alta por um breve período, mas não resistiu.

os signos do zodíaco. "*Solta o pavão* é uma continuação de *A tábua de esmeralda*. As músicas que não deram no *A tábua de esmeralda*, [...] tanto que a alegoria da capa é da alquimia, é uma alegoria antiga, de 1500, 1506. São alegorias, signos", conta Jorge[111].

No texto de apresentação, na contracapa, onde assina "Jorge Sanctus Ben", o compositor diz: "Na Idade Média, / O pavão, pela sua figura bonita e livre / Era visto como uma ave real e de sorte". Além disso, "*cauda pavonis*" ("cauda do pavão", ou fase do arco-íris) é considerado um dos estágios do processo alquímico.

É a primeira vez que o nome Admiral Jorge V aparece em um disco. Na ficha técnica, além de creditar os participantes pelos apelidos que dava a eles – "Dadi Aroul Flavi", por exemplo, era por causa dos nomes dos pais do baixista; "Gusta Von" era porque Jorge dizia que "Schroeter" era um nome complicado, então o chamava pela preposição "von", alemã como o sobrenome do músico –, o cantor incluiu o signo astrológico de cada um.

Além da capa, a alquimia está nas faixas "Velho, flores, criancinhas e cachorros", "Luz polarizada", "Assim falou Santo Tomaz de Aquino" – acredita-se que o santo católico, com o qual o artista teve contato no seminário, tenha sido estudioso da alquimia e seria autor de alguns textos sobre o tema, embora isso seja contestado por alguns; Jorge o admira tanto que batizou seu filho mais velho de Tomaso (o nome do santo, italiano, é Tommaso d'Aquino).

Também participa do disco o músico que está há mais tempo com Jorge: Nelson França Guimarães, o Neném da Cuíca. Ali, ele está creditado como Cream Crackers (que, segundo ele, era um nome que um grupo de percussionistas de estúdio, do

---

111 Entrevista à autora em maio de 2020.

qual faziam parte nomes como ele próprio, Eliseu, Luna e Mestre Marçal, usava em algumas de suas gravações)[112]. Cria do Morro do Salgueiro, Neném, nascido em 1942, tocava pandeiro quando iniciou a carreira, aos 16. Seu pai, Djalma Guimarães, era cavaquinista e integrava a Azul e Branco do Salgueiro, que em 1953 se fundiu com a Depois Eu Digo para formar a Acadêmicos do Salgueiro, na qual Neném tocou. É irmão do também percussionista Tangerina, que acompanhou nomes como Gal Costa e Maria Bethânia.

Aos 18, durante o serviço militar, Neném conseguiu liberação do Exército para viajar a trabalho. Na volta, o sambista, ator e produtor Haroldo Costa o convidou a acompanhá-lo se apresentando no Copacabana Palace, em espetáculo produzido por ele. Mas havia um detalhe: ele precisava tocar cuíca, o que até então não sabia. "Treinei fazendo um furo numa lata de leite Ninho e botei mamona. Eu não tinha (cuíca), aí ficava no meio da rua, e quem passava me chamava de maluco", recorda ele.

A partir dali, virou referência na cuíca, embora toque diversos instrumentos de percussão. Foi músico de estúdio por muitos anos (até hoje é requisitado), muitas vezes sem constar nos créditos, tendo trabalhado por cinco anos na Rede Globo. Integrou o grupo Brasil Ritmo, com o qual lançou o disco *Balança povo*, em 1972. Passou a tocar com Jorge Ben em novembro de 1975, na segunda turnê de Jorge pela França naquele ano, e o acompanha até hoje, como integrante da Banda do Zé Pretinho.

Jorge e a Admiral Jorge V logo partiram para uma temporada de 15 shows em Paris, no famoso Olympia. Ali, foi registrado o segundo álbum de Jorge Ben daquele ano: *Jorge Ben à L'Olympia*, que saiu na Europa (no Brasil, seria lançado em 1978).

---

112 Entrevista à autora em agosto de 2019.

O artista era famoso na França. A música "Para ouvir no rádio (Luciana)" tocava nas emissoras de lá. O empresário que os levou foi o austríaco Albert Koski, que realizou os principais grandes shows de rock naquele país entre 1972 e 1987. A plateia tinha estrelas como Catherine Deneuve e Jane Birkin. Chris Blackwell assistiu ao show e comentou que estava empolgado com as gravações que fariam em Londres. De lá, partiram justamente para gravar *Tropical* na Inglaterra, que sairia naquele país em 1976 e no Brasil apenas em 1977.

A Admiral terminou em 1977, quando o grupo de Dadi e Gustavo, A Cor do Som, foi contratado pela Warner. Jorge ficou enciumado. "Um dia ele falou pra mim assim: 'O André Midani fez aquela coisa, o contrato com A Cor do Som, só pra acabar com a minha banda' (risos)"[113], diverte-se Dadi. A partir dali, Jorge passou a se apresentar com a Banda do Zé Pretinho, que mudou algumas vezes de formação.

No início de 2002, Jorge Ben reuniu a antiga banda para gravar seu *Acústico MTV*. O álbum traz dois discos: o primeiro foi gravado com a Admiral e o segundo com seu atual grupo, a Banda do Zé Pretinho. Jorge chegou a cogitar gravar com quatro grupos (músicos que o acompanharam no passado), mas o desejo foi apenas parcialmente concretizado[114]. O trabalho reuniu sucessos dos anos 1960 e 1970, além de "Roberto, corta essa" (de 1986), "W/Brasil (chama o Síndico)" (1990) e "Spirogyra Story" (1993), e foi lançado naquele mesmo ano.

Inicialmente, o artista não queria participar do projeto: preferia fazer um disco de inéditas. Foram

---

113 Entrevista à autora em abril de 2019.

114 Pedro Alexandre Sanches, "Jorge Ben Jor voltará a tocar violão na MTV", *Folha de S.Paulo*, 16 nov. 2001.

três anos para convencê-lo. Ele disse que acabou topando por causa de Tomaso e Gabriel. "Fiz esse projeto pelos meus dois filhos adolescentes, que adoram o som acústico. Mas, se eu pudesse escolher, estaria lançando um CD com músicas inéditas", garantiu à época[115]. O show foi anunciado como a volta de Jorge ao violão depois de décadas tocando guitarra, mas acabou sendo um meio-termo, já que ele tocou um Ovation de 12 cordas, ou seja, um violão plugado, com cordas de aço, instrumento que já tinha adotado nos anos 1970. O violão com cordas de *nylon* parece ter ficado mesmo no passado.

Em 2014, Jorge começou a gravar um disco de inéditas com direção artística de Dadi, do qual participam os músicos das duas bandas. O material ainda não foi lançado.

---

115 "Jorge Benjor diz que relutou em gravar seu 'Acústico MTV'", *Folha de S.Paulo*, 23 maio 2002, disponível em: <https://www1.folha.uol.com.br/folha/reuters/ult112u16277.shtml>, acesso em: maio 2020.

_4

ÁFRICA BRASIL, O DISCO

África Brasil é considerado um dos melhores álbuns de Jorge Ben, sendo para muitos seu último grande disco. É um marco na carreira do artista: pela primeira vez, ele faz um trabalho inteiro na guitarra. É o 14º álbum de estúdio da carreira do artista e vendeu cerca de 60 mil cópias no lançamento, um número significativo para a época. Para alguns admiradores de sua obra, é o último disco da chamada "Trilogia Mística", em que a alquimia dava o tom dos trabalhos – iniciada por *A tábua de esmeralda* (1974) e continuada por *Solta o pavão*. Porém, representa uma virada em termos de sonoridade. Em 2002, a revista americana *Rolling Stone* incluiu *África Brasil* na lista "Os 50 discos mais legais"[116].

O álbum bem que poderia se chamar "África Brasil Estados Unidos", pois a influência do soul e do funk norte-americanos – que já vinham dando as

---

[116] Publicada na edição de abril de 2002.

caras nos discos de Ben desde o final dos anos 1960 – é a mais marcante em seus trabalhos até então. Em 1969, ele já dizia numa entrevista: "Eu ouço muito – muito mesmo – música negra americana soul. E danço, nas boates". Contava também gostar de jazz, citando nomes como Sonny Rollins, Dizzy Gillespie, Art Farmer e Art Blakey[117].

É no álbum que Jorge assume de vez a guitarra: por mais que já a utilizasse em seus shows, assim como o violão Ovation, é no *África* que ele definitivamente troca o violão de cordas de *nylon* pela guitarra, para nunca mais voltar ao antigo instrumento, o que até hoje é motivo de tristeza para muitos de seus fãs.

Jorge conta que a escolha do nome do álbum foi para marcar a influência da música africana nas sonoridades brasileiras.

> Foi uma homenagem aos ritmos africanos que chegaram aqui, que colaram no Brasil. Você anda o Nordeste todo e vai ver os ritmos: forró, baião, xaxado. Tudo vem da África. Tudo. Total, total, total. O próprio funk americano, blues americano, tudo, são ritmos que vieram. Maracatu... Tudo. Veio para o Brasil e foi misturado, na época, com aqueles fraseados renascentistas dos padres, dos órgãos, daquelas músicas de igreja... Foi misturado com as partituras nordestinas. E hoje tem coisas lindas, frases lindas. Desde Luiz Gonzaga a Dominguinhos, que deixou aquelas harmonias... Como é que faz aquilo ali, pô? Aquela mistura de música africana com música renascentista. Essas coisas maravilhosas. E o *África Brasil* foi essa homenagem que eu quis fazer.[118]

---

117 "Sou sensual mas não sou tarado", *O Pasquim, op. cit.*
118 Entrevista à autora em maio de 2020.

A influência da música negra norte-americana só aumentava no Brasil. Os bailes *black* de subúrbio atraíam cada vez mais gente. O radialista Dom Filó, então contratado da recém-estabelecida no Brasil WEA, chamou as equipes de som dos bailes *black* para lançar coletâneas com as músicas que tocavam nas festas. No segundo LP da equipe de som Soul Grand Prix, ele quis incluir uma faixa de uma banda brasileira. Montou um grupo chamado Hot Stuff Band, formado por Oberdan Magalhães, Darcy, Márcio Montarroyos, Wilson das Neves, somando-se à banda Azymuth, com José Roberto Bertrami, Alex Malheiros e Mamão (apenas esses dois últimos não tocam em *África Brasil*), e fizeram um cover de "Ju-Ju-Man", da banda alemã Passport.

A música fez sucesso nos bailes e André Midani, que havia ido a festas no Olaria Atlético Clube, queria montar bandas para esse público. Ainda em 1976, Oberdan fundaria a Banda Black Rio, que ano seguinte lançaria o disco de estreia, *Maria Fumaça*, com produção de Marco Mazzola, o mesmo de *África Brasil*. O nome do grupo veio de uma reportagem do *Jornal do Brasil*, que havia batizado o movimento de Black Rio[119].

Embora não tivessem conotação política explícita, os bailes reverberavam um dos lemas da luta dos negros nos Estados Unidos: "*black is beautiful*" – ou "negro é lindo", como Jorge Ben já tinha dito em seu álbum de 1971. Jovens tinham orgulho de ostentar seus cabelos *black power* e sentiam-se bonitos, contrariando os padrões que o racismo entranhado na cultura brasileira sempre pregara.

Dessa vez, as gravações foram um tanto diferentes para Jorge Ben. Além de sua banda, a Admiral Jorge V, Ben recrutou um extenso time, formado

---

[119] Lena Frias, "Black Rio: o orgulho (importado) de ser negro no Brasil", *Jornal do Brasil*, 17 jul. 1976.

por importantes artistas da época: José Roberto Bertrami, do Azymuth (teclado), Djalma Correa, Hermes e Ariovaldo Contesini (timbales, congas, atabaque), Luna (surdo), Neném (cuíca), Wilson das Neves (timbales), Canegal (percussão), Doutor (percussão), Marcio Montarroyos (piston), Oberdan Magalhães (sax), José Carlos Bigorna (sax e flauta), Darcy da Cruz (piston) e Pedrinho Batera (ou Pedrinho Piloto, como o chamam os músicos da Admiral, que era músico de estúdio – aquele de quem Jorge fala antes do início de "Menina mulher da pele preta", no *Tábua*: "Pedrinho vai ser papai"). Waldyr (dos Golden Boys), Evinha (ex-Trio Esperança – irmã de Renato, Roberto e Ronaldo, dos Golden Boys, e prima de Waldyr), Regina Werneck (ex-Quarteto em Cy e também compositora), Marisa Fossa e Cláudia Telles fizeram os vocais de apoio.

Essa enorme gama de instrumentos garantiu uma sonoridade única, amalgamando músicas de diferentes diásporas negras (ritmos brasileiros, norte-americanos e afro-latinos) e unindo-as à própria fonte, a África. Jorge Ben uniu como ninguém diferentes camadas sonoras, como guitarra, cuíca, tambores, instrumentos de percussão cubana e de sopro.

Paulinho Tapajós, produtor de seus sete discos anteriores (em *Gil e Jorge*, trabalhou ao lado de Perinho Albuquerque), deu lugar a Mazzola, que tinha produzido *Gita*, de Raul Seixas (artista descoberto por ele), *Elis*, de Elis Regina (ambos de 1974), e *Refazenda* (1975), de Gilberto Gil, entre outros.

Bertrami fez os arranjos de orquestra. Mazzola, os de vocal. Porém, o grande maestro, segundo Dadi, foi mesmo Jorge: "Nas percussões, ele é que dirigia como é que tinha que fazer cada um. As ideias do baixo, ele que deu, sabe? Aí depois foi tudo feito em cima daquilo que já tava pronto", explica[120].

Diretor artístico da Polygram na época, Marco Mazzola conhecia Jorge desde o tempo em que ainda era técnico de gravação e o artista estava dando os primeiros passos na carreira. Eles costumavam se esbarrar nos corredores da gravadora e volta e meia iam ao Maracanã ver jogos de futebol. Jorge já havia demonstrado vontade de que ele produzisse o trabalho.

> Dali pra cá ficamos amigos, mas a vida mudou, eu fui pros Estados Unidos para fazer cursos de técnicas de gravação e equipamentos novos. A gente colocou a primeira máquina de 16 canais lá. Foi quando eu virei pra ele: "Jorge, espera um pouco, porque eu estou indo pros Estados Unidos fazer um curso, quero gravar Elis, *Falso brilhante*, e esse seu disco com 16 canais, porque a gente só tem quatro e, para fazer isso tudo, ia ser complicado". Ele falou: "Eu espero". Aí nós importamos a máquina e ficou mais fácil de mixar, tudo mais separado. E foi um resultado incrível.[121]

Ele lembra que foi abordado por Jorge nos corredores da gravadora e o projeto o atraiu porque gostava muito de trabalhar com percussão. E o artista fez questão de, primeiro, explicar a ele a ideia do álbum. "Chegou na minha sala, trancou a porta, supersticioso – ele ficou olhando no corredor para ver se tinha alguém, na outra porta para ver se estava trancada –, aí falou: 'Eu queria fazer um projeto assim, com a bateria, isso assim, com uma mistura, o estúdio aqui não tem condições'", recorda o produtor. "E eu: 'Se os músicos tiverem

---

120 Entrevista à autora em abril de 2019.
121 Entrevista à autora em maio de 2019.

dinâmica... Você está com as músicas prontas?'. Ele: 'Tô'. 'Então aceito o desafio, vambora'", conta.

Mazzola diz que ninguém queria encarar a missão de gravar um disco com duas baterias, dois contrabaixos e mais um monte de músicos. Acabou fazendo o papel de técnico de som também:

> Aí me chamaram: "Mazzola, dá um pulo lá no estúdio que tá dando problema com o técnico". Eu desci: "E aí Jorge, qual o problema?". "Estou querendo tirar o som, mas tá horrível, vai lá dentro escutar." Quando escutei, eu falei: "Pô, mas está muito ruim isso daí, pessoal". E tinha muita gente tocando, sete, oito percussões. Falei: "Peraí, deixa eu sentar e gravar isso". Pedi pra todo mundo passar o som outra vez, e ele ficou muito feliz.

Para ele, o principal desafio era convencer os artistas de que eles tinham de ser moderados em cada ocasião. Mazzola precisou intermediar a situação com o técnico, mas acabou dando tudo certo. E, apesar das dificuldades iniciais, as gravações não demoraram. "Foi rápido. Porque o processo de iniciação do disco levou quase um mês, mas quando a gente foi pro estúdio, foram dez dias só", conta.

Ele recorda ter presenciado a famosa capacidade de Jorge de transformar praticamente qualquer tema em canção. "O Jorge tem um estado de espírito muito bacana. Ele é capaz de abrir o jornal e fazer uma música lendo o jornal. Eu já vi isso, e achava muito engraçado. Coisas que ele pegava assim, tipo 'Umbabarauma, homem gol'. E eu: 'De onde ele pegou esse cara?'. Aí era um jornal que tinha lido e que tinha o ponta de lança africano Umbabarauma, porque ele ama futebol", diz Mazzola.

Naquele mesmo ano, o produtor sairia da gravadora, ao ser convidado por André Midani para abrir a Warner no Brasil, e acabaria perdendo a ligação com Jorge e outros artistas da Philips. "Mas consegui carregar Elis, Raul, Ney, que veio da Continental, Marina. Fiz um *cast* poderoso", enumera ele.

Em geral, a recepção da crítica do álbum foi positiva. Oscar Pitta, na revista *Pop*, entusiasta, escreveu:

> É realmente impossível ficar indiferente ao ritmo quente e explosivo que Jorge Ben e seu grupo – o Admiral Jorge V Ben – detonam em *África Brasil*. É rock? É samba? É soul? É maracatu? Nem isso nem aquilo. É simplesmente o som (e marca registrada de Jorge Ben, que nasce da genial união de guitarras, teclados, cuíca, surdo e atabaques, contagiando os sentidos num irrecusável convite à dança primitiva e sensual). *África Brasil* é uma celebração. Aproveite.[122]

Mas houve também quem criticasse duramente o artista, como Luiz Augusto Xavier, na sua coluna "Som Popular", no jornal *Diário do Paraná*. Dizia ele que Jorge Ben "já deu o que tinha a dar" e que era "[...] impossível ouvir o disco do início ao fim". Também lamentava a troca de instrumento: "Como se não bastasse [...], substituindo o violão, uma arma fortíssima para o desenvolvimento de sua criação, pela guitarra, Jorge se envolve em ritmos e guinadas características do '*hustle*', do movimento '*soul*' que invade as casas noturnas do Brasil". Para o crítico, "Jorge Ben desprezou sua 'marca registrada', os acordes característicos de violão, que marcaram tanto sua carreira numa época imensamente criativa há seis ou sete anos [...] quando conseguiu frequentar paradas de

---

122 Oscar Pitta, *Pop*, n. 51, jan. 1977.

sucesso, através da gravação de suas músicas por diversos intérpretes"[123].

Jorge, na verdade, já tocava um violão Ovation, plugado, desde antes de gravar *Solta o pavão*, que, aliás, foi gravado com ele. Dadi explica que era muito complicado o uso do violão acústico nos shows, quase não se escutava o instrumento em meio aos outros. Até que surgiu o Ovation, um violão que você ligava no amplificador. "Só que o som era horrível. Aquela coisa aguda, sabe? E a primeira turnê que eu fiz com o Jorge, ele já tinha esse Ovation, quando eu comecei a tocar com ele, era só o Ovation", recorda[124]. Porém, depois da viagem a Londres, o artista acabou trocando o violão plugado por uma guitarra, como revela Dadi: "Eu fui lá e comprei uma guitarra, Ibanez, que eu adorava e tal. O Jorge adorou a guitarra, olhou, ficou doido com a minha guitarra, e eu sei que, quando a gente voltou para o Brasil, um dia ele virou para mim: 'Quer trocar essa guitarra pelo meu baixo Precision?'. Ele tinha um baixo Fender Precision, lindo, que era antigo. Aí eu fiquei doido e falei: 'Lógico, vamos trocar'"[125].

Ben também rememora o processo de transição entre os instrumentos:

> Passei do violão para o violão Ovation, coqueluche da época, que já era elétrico. Do Ovation, passei para a guitarra, que foi maravilhoso. E essa guitarra foi incrível porque eu ainda tocava com o Ovation e, um dia, um músico que tocava comigo, o Dadi, que é baixista, apareceu com ela e eu gostei da guitarra, achei linda, e falei: "Dadi, quer trocar essa guitarra, quer vender, quer fazer o quê?".

---

123 Luiz Augusto Xavier, "Nada Ben", *Diário do Paraná*, 29 out. 1976.

124 Entrevista à autora em abril de 2019.

125 Entrevista à autora em abril de 2019.

> E ele: "Não, não". Falei: "Dadi, você é baixista e eu tenho um baixo Fender. A gente pode fazer uma troca". E ele topou na hora. Aí eu fiquei com a guitarra e pronto, começamos a *guitarrar* (risos).[126]

Foi o adeus definitivo ao violão. O baixista, por sua vez, passou a ouvir brincadeiras de que seria o "culpado".

África Brasil faz um bom panorama dos temas mais recorrentes do universo jorgebeniano: em suas onze faixas, passa por futebol, amor, medievalismo, negritude e infância. O disco abre com a guitarra poderosa, roqueira, de "Ponta de lança africano (Umbabarauma)". Ao mesmo tempo, a faixa tem forte acento africano, com frases repetidas de forma ritualística, mântrica, e onomatopeias, que lembram fonemas do iorubá.

Jorge Ben conta que ouviu falar do jogador na Europa: "Eu morei na França, ficava entre França e Inglaterra, eu e meu primeiro grupo, Admiral Jorge V. Foi a primeira vez que eu vi o jogador, negro, e tinha esse nome, 'Babaraum'. E ponta de lança porque ele jogava com... ele estava com a camisa 10"[127]. A faixa foi incluída na coletânea *Brazil Classics 1: Beleza Tropical*, lançada em 1989 por David Byrne. Em 2021, "Umbabarauma" foi a única faixa brasileira a figurar na lista das "500 Maiores Músicas de Todos os Tempos" da revista *Rolling Stone*, à frente de canções como "Rock With You", de Michael Jackson, "Help", dos Beatles, e "Could You Be Loved", de Bob Marley[128].

---

126 Entrevista à autora em maio de 2020.

127 "Umbabarauma: o documentário", 8 jul. 2010, disponível em: <https://www.youtube.com/watch?v=Ryz0FLoMXbo>, acesso em: jun. 2020.

128 "The 500 Greatest Songs of All Time", *Rolling Stone*, 15 set. 2021, disponível em: <https://www.rollingstone.com/music/music-lists/best-songs-of-all-time-1224767/>, acesso em: maio 2022.

A temática da negritude também está em "Xica da Silva", que Jorge compôs para o filme de mesmo nome de Cacá Diegues, estrelado por Zezé Motta, musicando a sinopse enviada pelo diretor. Dadi lembra que o filme já estava pronto e o cineasta disse: "Jorge, pelo amor de Deus, só falta essa..."[129]. Em seu livro, o baixista conta: "Era o dia de uma viagem para uma temporada na Cidade do México, e o Cacá, já com o filme pronto, dependia só da música-tema, que era o Jorge quem ia compor. Fomos à tarde para o estúdio. Jorge (voz e violão), Joãozinho (percussão) e eu (baixo). Gravamos assim. Acho que o Jorge compôs na hora. Saímos de lá para o Galeão"[130].

Ben também recordou o processo, anos depois: "Na época, ele queria uma 'Xica da Silva' rápida e mandou (mostra com as mãos um volume imenso do roteiro, provocando risos), eu falei: 'Aqui não vai dar' (muitos risos). Aí ele falou: 'Quero assim'. Aí fui só ajeitando o meio de campo e saiu", contou ele no programa *Roda Viva* em 1995[131].

A história é baseada na vida de Francisca da Silva de Oliveira, mulher negra e escravizada que viveu em Minas e que, depois de alforriada, manteve um relacionamento com o contratador de diamantes João Fernandes de Oliveira, com quem teve 13 filhos. Foi uma figura que alcançou status social no século XVIII. Mano Brown é um grande fã da canção. "Esta música é foda, se não for uma das músicas mais bonitas que o Brasil já fez... Fala de uma mulher negra. Mulher negra, bonita, poderosa", elogia ele[132]. Os atabaques se sobressaem aos outros instrumentos, criando uma sonoridade que remete à dos tempos da escravidão.

---

129 Entrevista à autora em abril de 2019.

130 Dadi Carvalho, *Meu caminho é chão e céu, op. cit.*, p. 81.

131 *Roda Viva, op. cit.*

132 Entrevista à autora em agosto de 2019.

"África Brasil (Zumbi)" é uma versão da música que surgiu em *A tábua de esmeralda* só como "Zumbi". Aqui, ela se transforma em uma poderosa convocação, praticamente um chamado para a guerra. A faixa começa com Jorge gritando: "Eu quero ver quando Zumbi chegar / o que vai acontecer". A voz aparece quase na mesma frequência dos instrumentos, aproximando-se do rock e distanciando-se do formato MPB[133]. Os vocais por vezes remetem ao blues, como em diversos momentos na obra do cantor. Aqui, ele parece convocar os diferentes povos trazidos para o Brasil para essa batalha: "Angola, Congo, Benguela, Monjolo, Cabinda, Mina, Quiloa, Rebolo", enumera.

Os lugares citados, de onde vieram negros escravizados para o Brasil, tinham outra conotação durante o período colonial brasileiro: designavam a própria pessoa vinda daquele lugar ou a origem de sua família. Por exemplo: uma mulher batizada de Joana que tivesse vindo de Kabinda, no Congo (aqui, os escravizados perdiam seu nome original e ganhavam outro, cristão), ou então fosse descendente de pessoas de lá, era chamada de Joana Cabinda. Zumbi aqui parece ter adquirido características de Ogum – ou São Jorge, o Santo Guerreiro no sincretismo, de quem Ben é devoto.

Marcelo D2 conta que *África Brasil* marcou muito sua vida e sua carreira. Ele cita a versão de "Zumbi" em "Dig dig dig", lançada no primeiro álbum do seu grupo, o Planet Hemp, *Usuário* (1995).

> Eu cresci ouvindo o Jorge Ben. Mas foi quando comecei a fazer música que passei a entender

---

[133] Luciana Xavier Oliveira, "África Brasil (1976): uma análise midiática do álbum de Jorge Ben Jor", *Contemporânea*, v. 10, n. 1, jan./abr. 2012, disponível em: <https://portalseer.ufba.br/index.php/contemporaneaposcom/article/view/5820>, acesso em: jun. 2020.

> a grandeza dele. Eu queria muito botar aquela coisa no rap... Queria muito fazer a coisa do samba-rock no rap. E no Planet Hemp não cabia muito, naquele começo de banda tinha a coisa toda do hardcore e tal. Para mim, era super-representativo: essa faixa, essas falas, essa letra que o Jorge canta no *África Brasil*, que eu repeti ali em "Dig dig dig". Para mim é um grito de guerra, superforte, super-representativo. Quando ele regrava, vira um hino. Jorge Ben é rei.[134]

Professor do Instituto Brasiliense de Direito Público, mestre em Direito e doutorando em Direito pela UnB, Marcos Queiroz, que utiliza a obra de Jorge em suas aulas, busca analisar o que está por trás da transformação da música:

> Eu brinco que "Zumbi" é a canção mais importante da música brasileira, nas diferentes versões. A de 1974 é extremamente bem-construída, bem articulada, tanto no sentido instrumental, da composição, quanto na forma como o Jorge constrói a narrativa histórica. Ela anuncia uma possibilidade que não era muito colocada nos anos 1970: de que a canção popular pode falar de questões que não se falava, já que muitas vezes se afirmava que aqui era uma democracia racial. Este é um país formado por pessoas negras, de ascendência africana, no qual sempre houve, e ainda há, um antagonismo político. O racismo nos constitui como sociedade... Mas os recursos estéticos que aparecem nessa versão do *Tábua*, de 1974, ainda são muito próprios da canção brasileira, uma música mais melódica, suave, que entra como algo adocicado nos nossos ouvidos, por mais que tenha uma letra muito densa e forte.

---

[134] Entrevista à autora em setembro de 2020.

A do *África Brasil* é uma música com uma sonoridade mais difícil de escutar. Não só pela introdução com a guitarra rasgada, bem eletrificada mesmo, mas também pela forma como o Jorge canta. É o cantar falado, que vai se tornar comum no Brasil nos anos 1980 e 1990, no rap, no axé, que tem muitas músicas assim, no próprio funk... Mas não era tão comum naquela época. Ela não é só uma quebra no sentido da narrativa da democracia racial, no sentido do que está sendo falado, cantado e narrado, mas também aponta uma quebra no sentido estético, do que a forma musical diz e pode dizer do Brasil. Essa música parece muito paradigmática para compreender essa transformação.[135]

"Cavaleiro do cavalo imaculado" também tangencia o tema ao mostrar um São Jorge africanizado (para além do sincretismo com Ogum). Na letra, em que o compositor enumera as características/títulos do personagem, ele é um "Leão do Império", "Ministro de Zambi na Terra" (Zambi, abreviação de Nzambi Ya Pungo, é o deus supremo do candomblé Angola[136]) e "O príncipe de toda a África". Também remete ao medievalismo, tão presente na obra de Jorge Ben.

Embora não traga na capa figuras que façam alusão à alquimia, como nos dois anteriores, o disco tem duas músicas ligadas ao tema: "Hermes Trismegisto escreveu" e "O filósofo". A capa, assinada por Aldo Luiz e com arte-final de Jorge Vianna, traz Ben cantando em foto de Orlando Abrunhosa. Em entrevistas na época, ele chegou a reclamar que não era a que tinha escolhido – Jorge diria inclusive que

---

[135] Entrevista à autora em setembro de 2020.

[136] Luiz Antonio Simas, em entrevista à autora em setembro de 2020.

o lançamento do álbum foi o que o levou a trocar a Philips pela Som Livre.

> Os meus últimos LPs – *Solta o pavão* e *África Brasil* – não saíram com a qualidade técnica que eu esperava. O último, então, foi demais. Tive o maior cuidado com as gravações, já sabendo das limitações do estúdio Havaí, onde o disco foi feito. Queria participar da mixagem e já tinha apresentado minhas sugestões para a capa. Pois bem: quando cheguei de viagem, encontrei o disco pronto, mal mixado, com uma capa que não tinha nada a ver com o que eu queria.[137]

"Hermes Trismegisto escreveu" tem trechos do texto original do livro *A tábua de esmeralda*, assim como "Hermes Trismegisto e sua celeste tábua de esmeralda", faixa do disco de 1974, mas não é uma versão da música anterior. Além da melodia diferente, com pegada funk, a canção presente em *África Brasil* traz um trecho introdutório sobre a história do famoso texto que deu origem à alquimia, o que lembra um movimento então crescente em popularidade nos Estados Unidos, o *spoken word* – performances em que trechos de poesia ou letras de música eram recitados, muitas vezes acompanhados por música. Jorge já vinha fazendo *spoken word* em suas apresentações havia anos, como quando apresentou "Charles Anjo 45" no IV Festival Internacional da Canção, em 1969[138].

---

137 Ruy Fabiano, "Voa voa Jorge, Jorge voa: o alquimista voltou", *op. cit.*

138 Zuza Homem de Mello, *A era dos festivais: uma parábola*, *op. cit.*, p. 342. No livro, o autor diz que Jorge "praticamente declamava" a letra e que a canção seria precursora do rap.

Também remete, logicamente, aos *spirituals* e aos vocais do blues, influências que foram se tornando cada vez mais fortes na obra de Ben – é nessas fontes que bebe a capacidade de musicar qualquer texto. Duas das leis contidas na tábua são citadas na letra: "É verdade, sem mentira, certo, muito verdadeiro" e "O que está embaixo / É como o que está no alto". Na canção anterior, Jorge havia musicado a tradução de Fulcanelli.

"O filósofo" fala sobre o homem que "chegou filosofando num tom de voz meio angelical / Explicando o fenômeno / E a compreensão da agricultura celeste", no que parece ser uma menção ao alquimista Paracelso – em entrevistas, Jorge inclusive o chama de filósofo e o relaciona à agricultura celeste.

O universo infantil também marca presença com a "A história de Jorge", uma fábula que é mais falada do que propriamente cantada, praticamente um *spoken word* com um refrão. Um funkão com metais destacados pontuados pela percussão poderosa do timaço que toca no disco e um coro feminino que já não remete ao do samba, como em outros momentos da carreira de Jorge, mas ao soul norte-americano. Mais uma vez, o artista brinca ao fazer letra com seu nome: é ele o amigo que voa e "traz uma estrela" para o menino da história, é ele o herói dessa narrativa. Além do bom humor característico do compositor, sua imaginação fértil traz ares mágicos para uma cena cotidiana.

> Eu estava assim na janela do meu prédio, na rua Paula Freitas, vi aquela rua vazia, de madrugada, começando a amanhecer. E parece que imaginei ali um garoto que saía correndo e voava que nem um avião. Aí fiquei com aquilo, poxa. Tinha conhecido Jorginho, que sempre foi fã meu, amigo, jogava futebol também. E aí saiu ali,

porque Jorginho falava: "Jorge, sou seu amigo", "Jorge é meu amigo".[139]

"Meus filhos, meu tesouro" abre com a guitarra sozinha e um futuro bordão de Jorge: "Salve simpatia!". Na letra, o artista, que já era casado com Domingas mas ainda não tinha sido pai, discorre sobre o futuro de seus três filhos imaginários (chama de "trigênios"), de nomes incomuns: Arthur Miró, Anabela Gorda e Jesus Correia.

> *Meu filho, meu tesouro* é um clássico de um pensador [um best-seller de Dr. Benjamin Spock[140]] que buscava entender como ele podia educar os filhos. Ele viveu a Primeira Guerra e, mesmo antes da Primeira Guerra, já era o *barbarismo* total e ele queria saber, pô... Ele tinha uma prole de três filhos e ele queria saber como educá-los. Tem um filme italiano que ganhou o Oscar... O cara passa por isso com o filho dele [*A vida é bela*, de Roberto Benigni, de 1997]. E o pensador queria fazer isso. Aquele perigo todo e ele não queria que os filhos se vissem naquele risco todo de bomba, gente morrendo, fome... Ele mostrava sempre uma coisa boa. "O cara deitado estava morto? Não. Está dormindo." E assim... "Vamos comer aqui?" Tinha comida para meia pessoa, mas comiam os três. "Pô, está saborosa." Ele mostrava as coisas assim. "Não tem roupa?" Aí ele mostrava como fazer ele mesmo. Aí eu tive essa ideia: pô, não são

---

139 Pedro Alexandre Sanches, "Jorge Ben Jor, o homem Patropi", *op. cit.*

140 *Meu filho, meu tesouro*, publicado originalmente em 1946, é um livro sobre cuidados com bebês e crianças. É considerado o segundo livro mais vendido no século XX nos Estados Unidos, atrás apenas da Bíblia. Em 1998, ano de morte do Dr. Benjamin Spock, havia sido traduzido para 42 línguas, com quase 50 milhões de cópias vendidas.

meus filhos, mas eu vou fazer. E vou botar uma menina no meio. Uma menina em homenagem às mulheres, uma gordinha bonita, Anabela Gorda. E o Arthur Miró e Jesus Correia.[141]

O primeiro dos "anjinhos" traz uma referência fácil de notar: ele quer ser jogador de futebol, sonho que durante anos foi o do próprio Jorge Ben. E seu nome é Arthur, não por acaso o verdadeiro nome de Zico, maior ídolo da história do Flamengo, time de coração de Jorge.

A vida sonhada pela menina soa um tanto antiquada para tempos em que se falava sobre a emancipação das mulheres e elas vinham ganhando cada vez mais espaço nas universidades e no mercado de trabalho: "Eu quero ser / dona de casa atuante / ou mulher de milionário". Na década anterior, Jorge tinha feito declarações machistas em entrevista. Àquela altura, no entanto, ele vinha atualizando seus comentários. Quando perguntado sobre o que pensava das mulheres de então, "mais descontraídas, falando gírias, trabalhando", ele derrapa apenas no final (embora seja importante notar que estava inserido no contexto da época): "É o modernismo atual. Eu concordo com elas. Poxa, não pode cortar a onda. Nós estamos quase no século XXI, e todo mundo está mudando ou se dando conta da mudança. As mulheres de hoje são bem diferentes das do meu tempo de garotinho. Para mim, mulher pode fazer de tudo. Mas tem uma coisa, tem de ser feminina"[142].

Já Jesus Correia quer ser "tesoureiro-presidente ou liberal como você". Coincidentemente, o filho mais velho de Jorge, Tomaso, viria a se formar em Administração de Empresas nos Estados Unidos e foi trabalhar em Wall Street, o distrito financeiro de

---

141 Entrevista à autora em maio de 2020.

142 *Ele Ela, op. cit.*

Nova York. Jorge é católico, o que pode ter influenciado a escolha do nome. O artista foi coroinha e chegou a ser seminarista por dois anos. Apesar disso, fez referências às religiões de matriz africana em muitas de suas músicas e chegou a afirmar: "Acredito em espiritismo, também. [...] Mas não frequento. Peço a alguém que peça por mim, sei que é bom"[143]. Não sai de casa em sextas-feiras 13, usa sempre branco nas apresentações e, antes de tocar, borrifa o palco com alfazema, seu perfume preferido (e que é uma das plantas associadas a Ogum)[144].

Além de motivar a faixa que abre o disco, "Ponta de lança africano", o futebol, uma das paixões de Ben, volta a surgir em "Camisa 10 da Gávea", que ele fez para Arthur Antunes Coimbra, o Zico. No Flamengo desde 1967, o jogador integrava o time profissional desde 1971 e se fixou como titular absoluto em 1974. Estava, portanto, numa curva ascendente em sua carreira e tinha acabado de completar 23 anos, quatro dias antes, quando fez quatro gols em um antológico Fla-Flu num domingo no Maracanã, em 7 de março de 1976. O jogo marcou a reabertura do estádio, depois de mais de dois meses fechado para reformas. Zico lembra a história:

> O presidente do Fluminense, o (Francisco) Horta, fez um troca-troca: pegou jogadores do Fluminense e botou no Flamengo, e do Flamengo no Fluminense. Ele deu uma reanimada no futebol do Rio, e o primeiro jogo foi um amistoso que a gente fez com aquela Máquina do Fluminense, com Rivelino, Paulo Cesar Caju, aquele time todo (A chamada "Máquina

---

143 "Sou sensual mas não sou tarado", *O Pasquim*, op. cit. O termo "espiritismo" muitas vezes é usado para se referir à umbanda e/ou ao candomblé.

144 "O alquimista lança o som do verão", *Veja*, op. cit.

Tricolor", de 1975 a 77, teve 16 jogadores com passagens pela Seleção Brasileira: Félix, Renato, Edinho, Miguel, Abel, Carlos Alberto Torres, Toninho, Rodrigues Neto, Marco Antônio, Marinho Chagas, Pintinho, Rivelino, Dirceu, Paulo Cesar Caju, Mario Sérgio e Gil). E aí foi feito um jogo, e nós ganhamos de 4 a 1. Eu fiz os quatro gols, com um de falta. Então foi um jogo que, apesar de amistoso, tinha um significado grande pro torcedor do Rio, uma coisa nova.[145]

Jorge Ben, rubro-negro "roxo", costumava cumprimentar o time nos bastidores depois das partidas. Naquele dia não foi diferente, e o resultado o deixou feliz a ponto de criar uma música ali mesmo, no Maracanã. "Ele entrou no vestiário cantando: 'É falta na entrada da área / adivinha quem vai bater? / É o camisa 10 da Gávea...', o refrão. Aí depois ele montou tudo e nem falou nada e tal", descreve o jogador.

Zico achou que, depois de ter sido processado por Fio Maravilha, Jorge talvez nunca mais homenageasse alguém em uma música. "Na época do processo eu fiquei bem chateado. Era um ídolo meu, foi uma coisa esquisita. Um ano depois que lancei a música, ele vem me processar?", disse Ben em 2002[146]. Zico conta que, anos mais tarde, ajudou a selar a paz entre os dois: depois de encontrar Fio nos Estados Unidos e este lhe contar que estava muito triste com a história, levou um recado dele a Jorge. Quando o ex-jogador veio ao Brasil, os dois se encontraram e, aparentemente, ficou tudo bem.

O cantor não disse mais nada. No fim daquele ano, a surpresa: ele tinha completado a letra e gravado "Camisa 10 da Gávea" em seu mais recente

---

145 Entrevista à autora em setembro de 2019.

146 "A contragosto, Ben Jor faz o seu 'Acústico MTV'", *O Estado de S. Paulo*, 23 maio 2002.

disco. A canção não tem o nome do jogador na letra, só o epíteto Galinho de Quintino. Jorge só diz "Zico" uma vez, no intervalo entre um verso e outro. A canção descreve as características do craque: "Ele tem uma dinâmica / física rica e rítmica / Seus reflexos lúcidos / Lançamentos, dribles desconcertantes / Chutes maliciosos / são como *flashes* eletrizantes / Estufando a rede num possível gol de placa". Mais um samba-funk poderoso, que aqui começa com a guitarra e um apito (mania de Jorge que, nessa música, faz mais sentido que nunca).

Em outra situação, o time rubro-negro voltaria a presenciar o nascimento de uma canção do artista: "'Cadê o penalty / que não deram pra gente no primeiro tempo?' (cantarola), ele também entrou cantando lá. A gente soube de primeira mão o refrão", lembra o craque. A música foi lançada em *A Banda do Zé Pretinho*, de 1978.

"Camisa 10 da Gávea" foi a primeira canção em tributo ao jogador. Mais tarde, Zico inspirou "Saudades do Galinho", de Moraes Moreira (do disco *Pintando o oito*, de 1983, em que Moreira aparece com a camisa rubro-negra na capa), quando foi vendido para um time italiano e deixou o Flamengo. O futebol uniu os dois ídolos: Zico e Ben se tornaram amigos. Os filhos mais velhos de ambos, Arthur Jr. (conhecido como Junior Coimbra) e Tomaso, acabaram se aproximando também, quando Junior foi fazer residência de futebol em Nova York.

É claro que o amor, temática constante nos discos de Jorge Ben, não poderia estar de fora. Curiosamente, *África Brasil* não traz nenhuma das musas que se tornaram marca registrada do compositor – "Xica da Silva" fala da personagem sob uma perspectiva histórica. O romance – proibido, no caso – fica por conta da faixa "O plebeu", regravação de "A princesa e o plebeu", que fora registrada em *Sacundin Ben samba* (1964). Originalmente uma bossa tristonha, em *África Brasil* a canção se transformou em um animado samba-rock.

"O *África Brasil*, pra mim, é o ponto de ruptura dele com ele mesmo. Ele fala de alquimia, fala de negritude, fala dos filhos, fala de futebol, ali é a reunião de tudo que ele gosta. O cara podia ter continuado fazendo o que tava dando certo, mas resolveu se arriscar e fazer algo novo", analisa Lúcio Maia, guitarrista da Nação Zumbi[147].

Para o cantor BNegão, *África Brasil* vai muito além da influência da música negra norte-americana.

> É mais África do que qualquer coisa que venha do som americano, até do próprio som brasileiro mesmo. Não é como quando "nego" fazia um som que era colado no som gringo e não contemplava tanta percussão, as levadas... O que para mim foi foda foi essa parada de terreiro, de africano total, que fez todo o sentido depois que eu soube que o Jorge tem ascendência etíope. Realmente, a África está muito nele ali, de uma forma que eu não via chegando tanto. É um absurdo, é tipo você estar dentro de um terreiro com funk, samba, rock e um monte de coisa mais.[148]

Nos 40 anos de *África Brasil*, artistas da nova geração se reuniram para celebrar o álbum, em um show com direção de Régis Damasceno (do Cidadão Instigado). BNegão, Jorge du Peixe (Nação Zumbi), Russo Passapusso (BaianaSystem), Xenia França e Nayra Costa recriaram o repertório do disco em duas apresentações no Sesc Pinheiros, em São Paulo, nos dias 6 e 7 de agosto de 2016. "(Esse álbum) tem uma pegada do *swing*, mas uma brasilidade também, até o título diz. Parece que esse disco deu um

---

147 Entrevista à autora em junho de 2019.

148 Entrevista à autora em setembro de 2020.

grito na época", analisa du Peixe. "Foi quando ele começou a incluir a guitarra, e pode enxergar nesse disco mais um afro rock ali, tem uma intenção mais visceral, de versões que ele faz, como a de 'Zumbi'", compara o vocalista[149].

O disco tem ainda uma terceira regravação de música do próprio Jorge : "Taj Mahal", que merece um capítulo à parte.

---

149 Entrevista à autora em setembro de 2019.

5

TAJ MAHAL

"Taj Mahal" foi registrada pela primeira vez no disco *Ben*, de 1972. Ali, era praticamente uma música instrumental: só tinha o refrão, o grito "karma, Krishna" e o "dederedê" que é marca registrada da canção. Abria com um solo de violão com inspiração indiana e o barulho dos tamancos do artista marcando o tempo.

Ela surge com a letra completa pela primeira vez no álbum *10 anos depois* (1973), em que Jorge Ben gravou as músicas no formato dos *medleys*. A faixa também traz "País tropical" e "Fio Maravilha".

Volta a aparecer em *Jorge Ben à l'Olympia*, de 1975, já com a letra definitiva e tocada na guitarra, sem o "karma, Krishna" (e com um "lalalaiá" que só existe nessa versão), e em *Gil e Jorge: Ogum Xangô* (1975), com improváveis 14 minutos e 42 segundos e os vocais e violões dos dois artistas (aqui, Jorge ainda canta "karma, Krishna" e até um "Samba Pandava Shiva").

Finalmente, em *África Brasil*, chega ao formato parecido com o que Jorge canta em seus shows até hoje, com algumas mudanças na letra (de "foi a mais linda história de amor" ele passou a cantar "foi uma linda história de amor", entre outros detalhes).

Mais acelerada, com levada funk-samba-rock, foi possivelmente a versão que Rod Stewart escutou (também pode ter sido aquela presente no disco *Tropical*, lançado na Inglaterra no mesmo ano em que vem a público *África Brasil*). Em 1978, o cantor escocês se envolveria em uma polêmica com Jorge Ben: a música "Da Ya Think I'm Sexy?", faixa de abertura do novo álbum de Stewart, *Blondes Have More Fun* (que traz a participação do brasileiro Paulinho da Costa na percussão), tinha um refrão com melodia praticamente igual à da música de Ben. A canção alcançou o primeiro lugar nas paradas de sucesso de diversos países, incluindo Estados Unidos e Inglaterra.

Na época, o escocês negou ter plagiado Ben. O brasileiro falou algumas vezes à imprensa sobre o assunto:

> Coincidência musical pode existir. Uma pessoa ouvindo muita coisa, não atual, já fica difícil. Se você está acostumado a ouvir muito músicas antigas, de 10 ou 20 anos atrás, então, pode até acontecer. E há perigo de todas as formas, no meio da música e até mesmo no refrão. "Taj Mahal" foi no refrão, o que é mais forte. Vejo isso como o próprio compositor disse que foi: "coincidência musical". Só que depois ele já mudou de ideia, falou que não foi de sua autoria a música, e sim de seu baterista. Doando, inclusive, os direitos para a Unicef. Agora, se fosse eu ter feito uma música parecida a de um compositor estrangeiro, ou mesmo qualquer outro compositor brasileiro que fizesse isso, ficaria logo

> desmoralizado. Nosso povo ia malhar e repudiar. Graças a Deus não fomos nós que fizemos isso, nem qualquer outro compositor de expressão, senão seria fim de carreira. Música de folclore, de domínio público, a gente pode gravar e pôr o nome. É a primeira vez que acontece isso comigo. Não estou muito chateado. Realmente, "Taj Mahal" é o tipo de música que todo o mundo está querendo fazer. Ela já tem cinco anos e eu sempre tive fé nela. Até as casas mais badaladas estão tocando. Está sendo sucesso novamente.[150]

Naquele mesmo ano, o *Fantástico*, da TV Globo, fez uma reportagem sobre o assunto conversando com Jorge, Edu Lobo e Nelson Motta, entre outros. A pedido do programa, o maestro Radamés Gnatalli analisou as faixas e comparou as duas, escrevendo as partituras dos refrãos e tocando ao piano: "Agora, que é a mesma música, é. Não tenho dúvida nenhuma", disse.

Jorge Ben comentou como descobriu o plágio: "Bom, eu já sabia por amigos, assim, conhecido (*sic*), e que frequenta discoteca que a minha música tinha sido gravada pelo Rod Stewart. Até então eu não sabia que tinha um pedaço da minha música, eu pensava que ele tinha gravado a minha música. O pessoal sempre me dizia assim: 'Olha, gravou sua música'. Mas depois eu fui ver, não era a minha música"[151].

Pelo próprio histórico da canção, percebe-se que Jorge criou um tema qualquer mais como "desculpa" para desenvolver a melodia. Depois, foi

---

150 "Rod Stewart plagiou Jorge Ben", *Música*, n. 33, jul. 1979.

151 *Fantástico*, TV Globo, 18 fev. 1979, disponível em: <http://globotv.globo.com/rede-globo/memoria-globo/v/fantastico-polemica-envolvendo-cancoes-de-jorge-ben-jor-e-rod-stewart-1979/4652175/>, acesso em: jun. 2020.

fazendo a letra. Ele explica que teve a ideia a partir de leituras sobre a história do famoso sítio histórico, que na verdade é um mausoléu. Aryumand Banu Begam era esposa preferida do imperador, que a chamava de Mumtaz Mahal ("A Joia do Palácio"). Quando ela morreu, ao dar à luz o 14º filho do casal, o monarca mandou construir o templo sobre o túmulo dela.

"A história do Taj Mahal é linda, na Índia, na cidade de Agra. O príncipe Xá-Jehan era persa, na época em que a Pérsia dominava. E ele casou com Nunts Mahal (*sic*), devia gostar muito dela, porque tiveram 14 filhos e ele ainda contratou os melhores artesãos turcos e italianos para fazer aquele palácio maravilhoso de pedras preciosas, o Taj Mahal", disse Jorge[152].

Stewart e Ben afirmam ter feito um "acordo amigável". Em sua autobiografia, lançada em 2012 (e no ano seguinte no Brasil), o escocês garantiu que não foi algo premeditado:

> Não que eu tivesse entrado no estúdio e dito: "Aqui, já sei, vamos usar aquela melodia do 'Taj Mahal' como o refrão e pronto, acabou. O autor mora no Brasil, nunca vai descobrir". Mas por acaso eu tinha passado o carnaval no Rio em 1978, com Elton e Freddie Mercury, e lá, duas coisas significativas aconteceram: primeiro, desenvolvi uma breve e impossível paixão por uma atriz de cinema lésbica, que não me deixava nem chegar perto dela; e segundo, eu tinha escutado várias vezes, por toda parte, "Taj Mahal", de Jorge Ben Jor. Ela fora relançada naquele ano, e evidentemente a melodia ficou registrada na minha memória e ressurgiu quando eu tentava encontrar uma frase que

---

[152] Pedro Alexandre Sanches, "Jorge Ben Jor, o homem Patropi", *op. cit.*

> se ajustasse aos acordes. Plágio inconsciente, pura e simplesmente.[153]

De fato, o artista esteve no Brasil naquele ano. A revista *Pop* de março, em reportagem de Caco Barcellos, contou alguns episódios da passagem do escocês pelo Rio[154]. Porém, Elton John e Freddie Mercury não estavam com ele na viagem. Stewart possivelmente confundiu-a com a vez em que veio ao país para cantar no Rock in Rio, em 1985, no qual Mercury e o Queen também se apresentaram.

---

153 Rod Stewart, *Rod: a autobiografia*, São Paulo: Globo Livros, 2013.

154 Caco Barcellos, "Rod Stewart no Brasil: dias de badalação, futebol e cerveja", *Pop*, n. 65, mar. 1978.

6

ALQUIMIA, FUTEBOL, AMOR E OUTROS BARATOS DO UNIVERSO MEDIEVAL DE JORGE

Quando surgiu, Jorge Ben era frequentemente criticado por suas letras. Tanto que, em seu segundo disco, *Sacundin Ben samba* (1964), o produtor, Armando Pittigliani, faz uma defesa dessa faceta do artista em um texto na contracapa. As letras eram consideradas "infantis", "primárias".

Ao longo de sua carreira, mesmo quando é elogiado, fala-se em talento "inato", "dom", "instinto" e "suingue natural". O aspecto intelectual por trás de seu trabalho é constantemente deixado de lado. Seu universo, no entanto, não surgiu "do nada". Existe uma construção complexa por trás dele, mas que é esquecida por não se encaixar na concepção europeia de cultura.

A cultura com raízes no continente africano é frequentemente considerada menos desenvolvida – como se fosse possível falar em uma única cultura em um continente com 54 países (isso para não mencionar as centenas de povos que habitavam a região antes da chegada do colonizador e que foram artificialmente agrupados em países durante o período colonial). A subalternização do negro não se restringe ao indivíduo, ela se estende a toda sua cultura. Em seu livro *O Atlântico negro*, o historiador Paul Gilroy define:

> Os efeitos das negações, por parte do racismo, não só da integridade cultural negra, mas da capacidade dos negros de sustentarem e reproduzirem qualquer cultura digna do nome, são aqui claramente visíveis. O lugar preparado para a expressão cultural negra na hierarquia da criatividade gerada pelo pernicioso dualismo metafísico que identifica os negros com o corpo e os brancos com a mente é um segundo fator importante.[155]

Porém, essa mesma cultura é a base de toda a música popular mundial. O que frequentemente se faz é beber dessa fonte sem dar os devidos créditos, com artistas brancos ganhando destaque em gêneros musicais criados por negros. É o que os pensadores negros chamam de apropriação cultural. No caso da música brasileira, o maestro Letieres Leite garante que toda ela vem da música feita pelas religiões de matriz africana:

> O que eu percebo é o seguinte: quando você desconstrói a música popular brasileira, sempre acaba chegando em algum toque matricial. [...] essas músicas todas das quais a gente está falando, os tipos de samba, os subgêneros de samba, partido alto, o samba de caboclo, o samba afro, essas músicas têm uma forma de organização metodológica que

---

155 Paul Gilroy, *O Atlântico negro: modernidade e dupla consciência*, São Paulo: Editora 34, 2008, p. 201.

> vai chegar sempre na raiz dessa grande árvore rítmica que são as diversas nações de candomblé.[156]

Jorge Ben era filho de um compositor e ritmista, e sua mãe tocava violão. Sílvia era descendente de africanos (etíopes, segundo o artista) e ele contou ter ouvido muita música africana em sua casa, em festas com parentes. Além disso, como vimos, desde cedo frequentou blocos de carnaval e tocou surdo no Cometas do Bispo, banda que seu pai integrava. Aos 13 anos, começou a tocar pandeiro. Portanto, desde a infância conviveu muito com ritmo e harmonia musical em sua casa.

Também revelou ter ouvido muito os artistas pernambucanos. "A minha música brasileira é uma mistura: é um samba meio maracatu. Eu conhecia maracatu à beça, dos discos do Luís Vieira (*sic*). O meu pai também era fã do Luiz Gonzaga, a turma toda", disse, em 1969[157]. Ele se referia a Luiz Vieira (1928-2020), cantor, compositor, radialista e pesquisador pernambucano radicado no Rio de Janeiro, que era chamado de O Príncipe do Baião (já que o rei era Luiz Gonzaga). Augusto também o levava a rodas de jongo.

Foi também no início da adolescência que Jorge ingressou no seminário católico, onde aprendeu a tocar órgão, piano, e iniciou-se no canto gregoriano. Nesse mesmo período, começou a se interessar por alquimia, por conta de seu avô, que fazia parte da Ordem Rosacruz, e pelos escritos de São

---

156 Kamille Viola, "'A música negra quase sempre é usurpada', diz maestro Letieres Leite", *Rio Adentro*, 22 mar. 2019, disponível em: <https://rioadentro.blogosfera.uol.com.br/2019/03/22/a-musica-negra-quase-sempre-e-usurpada-diz-maestro-letieres-leite/>, acesso em: jun. 2020.

157 "Sou sensual mas não sou tarado", *O Pasquim, op. cit.*

Tomás de Aquino, a quem são atribuídos textos sobre o tema.

Como tantos garotos de sua época, encantou-se pelo rock'n'roll e gostava de tocar sucessos com os colegas da Turma do Matoso – entre eles, Tim Maia, Erasmo Carlos e Roberto Carlos. Some-se a isso a vontade de tocar como João Gilberto, que acometeu praticamente todos os grandes artistas daquela geração, e estava pronta a receita do início de sua carreira.

O artista tinha 21 anos[158] quando lançou seu primeiro compacto e, em seguida, seu primeiro álbum. Dizia-se que ele "não sabia música", e a imprensa repetia a história (que ele próprio contava) de que havia aprendido violão com um método em revistinhas de cifras. A formação musical anterior de Jorge jamais era levada em conta – ele tinha relação íntima com a música desde que nascera –, por não envolver partituras e métodos formais.

Em entrevista ao *Pasquim*, Millôr Fernandes pergunta a Jorge que grau de conhecimento "musical, escolar" ele tem. "Escolar de música? Nenhum. Eu não leio música. Quando eu faço uma música, eu procuro gravar rapidamente e escrever a letra, eu então fico cantando pra não esquecer a melodia e a letra. Agora, quando eu gravo, eu mesmo faço o arranjo: eu falo pros caras o que eu quero. É fácil. Pego o violão e mostro."[159]

Gilberto Gil, por exemplo, embora também negro, era visto de outra forma – afinal, era filho de um médico e de uma professora primária, tinha entrado na universidade e debatia assuntos que a intelectualidade branca considerava relevantes. Na música, no entanto, era autodidata como Ben, tendo aprendido a tocar violão com revistas

---

[158] Ou, ao menos, era o que afirmava na época...

[159] "Sou sensual mas não sou tarado", *O Pasquim*, op. cit.

de cifras. Na ocasião do lançamento de seu elogiado disco com Jorge, *Ogum Xangô*, uma crítica deixa nítida essa diferença de abordagem sobre os dois artistas: "Ben é de uma geração musical dois ou três anos mais velha que Gil. [...] Sua música nunca foi propriamente rotulada, a não ser pelo evidente africanismo do seu ritmo atravessado ao do tradicional brasileiro. Já Gilberto Gil teve toda uma consciência de sua formação e da informação acumulada e a transmitir"[160].

A passagem pelo seminário, por exemplo, teria sido determinante para Jorge Ben em sua forma de compor. "Tive uma escola de dois anos no seminário, e lá se cantava tudo em menor. A influência ficou. Era tudo suavezinho... 'Mas que nada', 'Chove chuva', é tudo menor", explica[161]. O modalismo menor, que traz uma espécie de tristeza a boa parte de sua música, remete, ao mesmo tempo, à África muçulmana, a um banzo ancestral dos descendentes dos africanos trazidos e ao medievalismo que de diversas formas permeia sua obra. Caetano Veloso parece ter captado o espírito da coisa:

> É muito impressionante como funciona a cabeça de Jorge Ben. Ele não parece seguir nenhum método que impeça que as imagens internas venham pra fora. É curioso isso, porque as letras dele são como monstros de letras. Parece que não tem método, mas aquilo é o método dele. [...] Aquilo tem um caráter religioso, um pouco junguiano. Tem muito a ver com o modalismo da composição, propriamente musical. Ele tem um imaginário muito próprio, muito pessoal. Tudo que ele menciona fica dentro de uma perspec-

---

160 Julio Hungria, *op. cit.*
161 Marcus Preto, "Jorge Ben Jor: eterna redescoberta", *op. cit.*

tiva que é dele, própria. E essa perspectiva tem um caráter meio medieval.[162]

Não é coincidência que Caetano cite Jung e o psicanalista tenha se debruçado sobre um dos temas que encantam Jorge Ben, a alquimia, tendo escrito livros que incorporam conceitos dela à psicanálise: *Mysterium coniunctionis*, *Aion* e *Psicologia e alquimia*. O conceito junguiano de sincronicidade, por exemplo, foi desenvolvido depois que o pensador suíço leu diversos textos sobre alquimia. Para Jung e alguns estudiosos do tema, a alquimia é percebida como um caminho de autodesenvolvimento. A tão falada pedra filosofal, por exemplo, seria uma metáfora para a chegada ao ápice de nosso aprimoramento como seres humanos por meio do processo alquímico.

Embora considere-se que *África Brasil* foi o último disco em que Jorge abordou o tema, ele voltaria a falar sobre alquimia e hermetismo, direta ou indiretamente, ao longo da sua carreira. *Salve simpatia* (1979) traz "Occulatus abis", versão de "Errare humanum est", ligeiramente modificada. *Ben Brasil* (1986) tem "Gabriel guerreiro galáctico". *Reactivus amor est* (2004) vem com "Gabriel, Rafael, Miguel", "O rei é rosa cruz", "História do homem" e "Turba philosophorum". *Recuerdos de Asunción 443* (2007) traz "Gama gush" e "Zenon Zenon". Sem contar que a capa de *Sonsual* (1984) mostra um arco-íris, importante símbolo alquímico. E mesmo a improvável "Alcohol", de *23* (1993), tem um trecho que ele diz ter tirado de um livro de alquimia: "O mago mandou avisar / Água de beber, água de benzer, água de banhar / Alcohol só para desinfetar".

---

162 "Imbatível ao extremo: assim é Jorge Ben Jor!", *Rádio Batuta*, 4 out. 2012, disponível em: <https://radiobatuta.com.br/documentario/imbativel-ao-extremo-assim-e-jorge-ben-jor/>, acesso em: jun. 2020.

Em entrevistas em 1978, Jorge dá mais uma pista do alcance da influência da alquimia sobre seu trabalho:

> Há muito mais coisas que gostaria de saber, pois alquimia tem muito a ver com música. Por exemplo: todo alquimista – e geralmente eram homens de algumas posses – contratavam um menestrel para decorar suas fórmulas. Quando a memória falhava, o trovador cantava a fórmula e resolvia a situação. Meu interesse pelo assunto, embora grande, é exclusivamente amadorístico.[163]

Ao ser perguntado se ainda estudava alquimia, ele disse: "Ah, todos os dias. Aqui, então [confinado no Copacabana Palace durante a pandemia de covid-19], eu leio todos os dias". Jorge conta, inclusive, que ele, Gilberto Gil, Flora Gil e uma amiga deles que vive em Monte Carlo tiveram uma visão na casa do famoso alquimista Nicolas Flamel (1330-1418). Datada de 1407, fica no bairro do Marais (na rue de Montmorency, 51), é considerada a "casa mais antiga de Paris" e foi erguida pelo alquimista para ser um albergue para pessoas necessitadas, em geral desabrigados, estudantes e trabalhadores. Hoje, conta com um restaurante.

> Estávamos no restaurante, uma taverna, na parte de cima. Daqui a pouco eu olho, o Gil viu também... Aí a gente olhou: "Caramba!". Eu levantei e fui até a janela. Fiquei olhando para ver se era algum telão, alguma coisa, mas não era. Passou um bloco de alquimistas ali na rua (risos). Fiquei assim, olhando. O Gil viu também:

---

[163] Ruy Fabiano, "Voa voa Jorge, Jorge voa: o alquimista voltou", *op. cit.*

> "Pô, você viu também?". "Vi, vi. Eu vi. Fui lá e não tinha ninguém."[164]

Mas, afinal, eles tinham visto espíritos?

> É, a gente viu. Foi uma coisa incrível. Bonito, bonito. Não era coisa feia, não. Com roupas daquele tempo, do século XV ou XVI. Passou ali pela porta e... Eu olhei pela janela, desci, não dava para sumir de uma hora para a outra assim. Eles tinham que estar na rua. Não tinha porta para eles entrarem. Porque ali até hoje em dia tem reunião dos alquimistas contemporâneos. Todo mês tem uma reunião lá, se reúnem para falar de alquimia, para ler poesia de alquimia... E só convidam para eventos as pessoas de um grau altíssimo. Mas que nós vimos, vimos. E não tinha reunião. Aquele dia não era dia de reunião. A reunião é quando não tem ninguém no restaurante.[165]

Sua forma de musicar letras, que ao longo do tempo foi transpondo cada vez mais limites – a ponto de brincarem que ele é capaz de criar melodia até para a lista telefônica –, tem tudo a ver com o papel dos trovadores. Jorge é um cronista que narra histórias em forma de música, seja um instantâneo de um momento (como um gol de placa presenciado pelo "apaixonado do esporte bretão"), seja uma carta de amor para uma de suas inúmeras musas (frequentemente também de lamento por ter sido deixado) ou para sua companheira da vida inteira, seja a descrição de um herói ou guerreiro ou ainda um daqueles exercícios de criatividade em que um personagem voa ou um homem come raio laser. As histórias são contadas com vocais dramáticos (melismas árabes

---

164 Entrevista à autora em maio de 2020.

165 Entrevista à autora em maio de 2020.

e até voz de choro), muitos adjetivos e advérbios de modo, tornando tudo muito mais intenso.

O amor foi o primeiro (e mais constante) de seus temas. Desde o primeiro disco, Jorge Ben sempre compôs canções de amor em profusão, para musas passadas, presentes e futuras. Com o tempo, elas foram, aos montes, sendo chamadas pelos nomes (muitas vezes pouco usuais, como Jesualda ou a própria Domingas) ou simplesmente "Moça". Toda de branco, todinha de rosa, já não gosta mais de mim, que pena, que maravilha e todas as imagens que ele toma emprestadas de si mesmo e repete em outras canções quantas vezes quiser.

A temática do amor em Jorge por vezes também remete à Idade Média, um amor muitas vezes platônico, com uma musa inatingível, seja porque ela não sabe que seu admirador existe ("Oba, lá vem ela", do *Força bruta*, 1970), seja porque ela não o quer mais ("Que pena", *Jorge Ben*, 1969). Essa influência chega a ser explícita em canções como "A princesa e o plebeu" (*Sacundin Ben samba*, de 1964), em que a musa é nada menos do que membro da realeza. O amor proibido entre pessoas de classes sociais diferentes é um tema típico do trovadorismo medieval.

Se aparentemente o futebol não teria nada a ver com esse universo, aqui ele é entranhado pelo espírito da Idade Média. Os jogadores retratados pelo compositor fazem jogada "celestial", gol de "anjo", chegam com "garra, fibra e amor", fazem dribles que são "um deleite" e são "anjos da guarda". Os craques de Jorge são como guerreiros medievais que entram em campo para vencer mais uma batalha.

São Jorge, o Santo Guerreiro, tem ressaltadas características daquele período histórico na perspectiva do compositor. "De armadura e capa / Espada forjada em ouro / Gesto nobre / Olhar sereno / De cavaleiro, guerreiro, justiceiro / Imbatível ao extremo", canta ele em "Domingo 23" (de 1972).

"O rei chegou, viva o rei", de *Solta o pavão* (1975), é outra que remete a esse universo.

Ao longo do tempo, a obra de Jorge Ben foi se embrenhando pelo universo medieval, um tempo em que realidade e fantasia se confundiam, visões de anjos (outra figura frequente em suas letras, que também está ligada à alquimia) e demônios eram coisa corriqueira e alquimistas buscavam as soluções para as dores do corpo e da alma. Some-se a isso a infinidade de princesas, príncipes, rainhas, reis, guerreiros, muitas vezes negros, que são personagens de suas canções, subvertendo a lógica de uma época em que ao negro pouco era permitido. Para Mano Brown, Ben conseguia transportar o ouvinte para seu reino de fantasia:

> O Jorge, ele fala como se ele fosse um rei, como se ele estivesse na varanda do palácio. Só que ele é um homem negro. Palavras do tamanho certo. É bem louco isso, porque ninguém sabe se expressar daquela forma. Ele põe a fantasia e a realidade no mesmo plano. É permitido sonhar quando você ouve Jorge Ben. Você sonha com o pé no chão. Aí já é o fã falando. Você consegue sonhar com Nova York estando lá no Capão, na rua de terra com galinha, porco, pato e lama. Era o que acontecia. A gente conseguia ir com ele lá. Ele queria falar da Idade Média, a gente ia com ele lá ver.[166]

Jorge parece ter incorporado em sua vida a filosofia dos alquimistas que tanto admira. Quando grava uma mesma canção duas, três vezes mudando um pouco aqui e ali, parece estar eternamente em busca do autodesenvolvimento. Sua pedra filosofal particular:

---

166 Entrevista à autora em agosto de 2019.

Musicalmente tem sido muito bom. A "espirituosidade" de ter aquela hora de compor, aquela tenacidade, sagacidade, perseverança... Saber que aquilo vai dar certo sem ter que passar por cima de ninguém. E sempre sair ileso das coisas que estão te atazanando. Os livros de alquimia me ensinaram isso. O próprio Nicolas Flamel, um alquimista francês famoso do século XIV, já tinha essa sagacidade. Ele só conseguiu achar a pedra angular depois de trinta anos de estudo e não desistiu.[167]

---

[167] Marcus Preto, "Jorge Ben Jor: eterna redescoberta", *op. cit*.

7

NEGRO É LINDO

Os militares defendiam a ideia da "democracia racial": segundo ela, as raças que haviam constituído o Brasil conviveriam em harmonia e nossa cultura seria um feliz resultado da interação entre elas, e, sobretudo, da mestiçagem. No entanto, ao longo do tempo essa perspectiva vem sendo refutada por cientistas sociais e demais pesquisadores que se debruçam sobre o racismo. Como observa o cientista social, pesquisador e escritor Carlos Moore, cubano radicado no Brasil: "A América 'Latina' toda funciona segundo uma ordem sociorracial pigmentocrática: um contexto social no qual as diferenciações da cor da pele, da textura do cabelo, da forma dos lábios, da configuração do nariz, entre outras características, determinam o *status* coletivo e individual das pessoas"[168].

---

168 Carlos Moore, *Racismo & sociedade: novas bases epistemológicas para entender o racismo*, 2ª ed., Belo Horizonte: Nandyala, 2012, p. 222.

Isso significa que, quanto mais características um indivíduo tenha que o distanciem do fenótipo tido como ideal, mais ele está sujeito a sofrer racismo. No entanto, a falsa ideia de democracia racial foi causando o progressivo apagamento da identidade de boa parte da população negra do Brasil (que é composta de pretos e pardos e hoje corresponde a 56% dos brasileiros). Até hoje, muitos vivem sem sequer se reconhecer como tais, ainda que sofram com as consequências do racismo. Na autoclassificação racial no IBGE, havia declarações como "moreninho", "queimadinho", "açúcar queimado" e "marronzinho", entre centenas de identificações para fugir da afirmação da raça negra.

A democracia racial era um mito cômodo, pois não permitia que negros se dessem conta do racismo que sofriam e se organizassem para combatê-lo. Tendo internalizado a ideia de que sua raça era inferior, muitos buscavam embranquecer-se, fosse fisicamente, fosse no comportamento. Nesse contexto, os militares não viam com bons olhos o ativismo negro que começava a se organizar no Brasil. O fortalecimento de uma identidade negra não era algo que interessasse.

Jorge por diversas vezes se declarou "apolítico". Em pleno acirramento entre esquerda e direita, com a repressão da ditadura se tornando cada vez mais forte, não se pronunciava sobre o tema. Chegou a ser acusado de alienado, como no caso de "País tropical". O rapper Mano Brown pontua que a acusação é injusta:

> Quando eu comecei a escrever meus primeiros raps, e aí (foi) alguma coisa que eu ouvi, disseram que Jorge Ben não falava de política, quem falava eram outros caras. Eu nunca concordei com isso. Depois e mais velho eu entendi que ele é. É político o tempo todo. Depende da forma

> como você vê a política. Se você acha que a única que existe é aquela panfletária em cima do palanque, é uma. Agora, se você entender que ele tá falando sobre raça negra pra todas as raças ouvirem, humanizando, tirando dúvidas, e pondo beleza onde tiravam beleza. Ele colocou beleza na mulher negra do morro, no homem negro do morro.[169]

O caso mais óbvio de caráter contestatório nas músicas de Jorge, como foi visto, é "Charles Anjo 45", que exaltava um bandido querido pelos moradores da favela, "Robin Hood do morro". Mas veremos que, de forma sutil, a penetração do artista no imaginário popular teve um papel bastante contundente.

A temática da negritude talvez seja onde Jorge mais tenha feito a diferença nesse sentido. Nos anos 1970, outros artistas abordaram esse assunto e a aproximação de alguns nomes da MPB de religião de matriz africana também trouxe luz para essas culturas, mas nele a questão é mostrada de maneira singular.

Em Jorge Ben, em geral o ativismo se dá mais pela afirmação da identidade negra do que pelo embate direto. Sua obra tem um amplo e diverso imaginário de figuras negras, indo na direção oposta à da uniformização que se tentava empreender no Brasil. Além de reverenciar a cultura e a beleza negra, suas músicas também fazem muitas referências ao período da escravidão, ajudando a impedir seu esquecimento.

Seu primeiro sucesso, "Mas que nada", lançado em compacto simples em 78 rotações (com "Por causa de você, menina", no lado B), trazia versos como: "Esse samba, que é misto de maracatu / É samba de preto velho, samba de preto tu". O

---

[169] Entrevista à autora em agosto de 2019.

maracatu, festejo tradicional de origem afro-brasileira, surgiu em meados do século XVIII, influenciado pela cultura portuguesa e pela indígena. É um cortejo que remonta às antigas coroações de reis e rainhas congo, considerado primordial na definição da identidade negra pernambucana. Divide-se em dois tipos: maracatu nação (ou de baque virado), considerado o ritmo afro-brasileiro mais antigo do Brasil, e o maracatu rural (baque solto).

"Preto velho", por sua vez, além de referir-se a um homem negro idoso, pode ser a entidade da umbanda que se manifesta com características de um homem que teria sido um negro escravizado. Já "preto *tu*" seria uma expressão pejorativa usada no Brasil no passado para se referir a homens negros sem estudo formal. É interessante frisar que boa parte dos povos africanos, no entanto, tinha uma sólida tradição oral (como a comunidade judaica, por exemplo). Porém, com a visão colonizadora dos europeus, esses conhecimentos ao longo dos anos foram sendo desprezados nos países da diáspora negra, enquanto o conhecimento acadêmico branco era o único a ser validado. Outra acepção para a expressão considera "preto tu" o negro insubordinado. "'Preto tu' é aquele negão que encara a situação. Diferente do 'neguinho', que diz 'não, senhor, sim, senhor'. O 'preto tu', o negão, diz 'e aí, cara, qual é a parada?'. Sempre fui um desses", contou o cantor Tony Tornado em entrevista[170].

É possível comparar esse olhar de homem pouco culto com a própria imagem que se criou de Jorge Ben (e que ele não fez muita questão de desmentir, é verdade), de um artista "intuitivo" e "selvagem", a despeito de todo seu aprendizado musical, com referências diversas – música africana, canto

---

170 Fred Melo Paiva, "Funk you", *Trip*, n. 90, jun. 2001, disponível em: <https://revistatrip.uol.com.br/trip/entrevista-com-tony-tornado-nas-paginas-negras>, acesso em: jul. 2020.

gregoriano, samba, música nordestina e, mais tarde, o rock.

O jornalista Ricardo Alexandre, biógrafo de Wilson Simonal, mostra que ele e Jorge eram "inseparáveis" e tinham muito em comum:

> Os dois eram flamenguistas, salgueirenses e mulherengos, tinham em comum a velha Turma da Tijuca, um currículo que incluía as *jam sessions* do Beco das Garrafas, o futebol, a negritude e uma intensa admiração mútua. O que os separava era a ambição: Jorge fez fama como "gênio da raça", como uma força da natureza, um ingênuo leitor de quadrinhos capaz de abandonar uma turnê internacional por uma final de campeonato no Maracanã. Simonal fazia o "Frank Sinatra dos trópicos", conhecedor de bons restaurantes e bons uísques, amante de jazz e um homem viajado. No meio do avoamento de um e no pernosticismo de outro, havia muito interesse em comum para alimentar uma amizade que duraria a vida inteira.[171]

Ora, é sabido que, desde pelo menos o início dos anos 1970, Jorge fazia frequentes turnês no exterior, onde se hospedava em hotéis de luxo. Era um ávido leitor (tendo composto uma música inspirada por Dostoiévski, "As rosas eram todas amarelas") e acumulava todo o conhecimento do tempo de seminarista. Porém, sempre foi discreto quanto a seus gostos particulares. A imagem de homem simples, que tinha "um fusca e um violão", parecia ser conveniente a ele.

Além disso, namorou mulheres brancas famosas, algo que causava incômodo na sociedade racista da época (vide a rejeição aos namoros de Tony

---

171 Ricardo Alexandre, *"Nem vem que não tem": a vida e o veneno de Wilson Simonal*, op. cit., p. 145.

Tornado e Arlete Salles e de Erlon Chaves e Vera Fischer), a despeito do mito da democracia racial. Mas, em geral, esses romances eram discretos. Sempre foi evasivo ao falar sobre si e sua vida privada, o que o ajudou a manter-se longe de polêmicas e julgamentos.

Ainda sobre "Mas que nada", embora Jorge nunca tenha mencionado, nota-se a semelhança entre o primeiro verso da música e o início da faixa "Nanã Imborô", registrada no álbum *Tam... tam... tam...!*, de 1958[172]. O repertório veio do espetáculo da companhia Brasiliana, com arranjos e direção do maestro José Prates, com vocais de Ivan de Paula e acompanhamento de orquestra e ritmistas. A música é creditada no disco como "candomblé". No site do Instituto Memória Musical Brasileira (IMMuB), aparece como "música tradicional".

Prates era um pernambucano radicado no Rio que se tornou maestro e compositor primeiro da companhia de dança folclórica Brasiliana e depois da Brasil Tropical, tendo realizado com elas turnês pelo país e mundo afora, levando a cultura afro-brasileira a mais de 90 países. As músicas gravadas por ele, em geral, eram temas tradicionais afro-brasileiros, de domínio popular (como canções de religiões de matriz africana ou cantos de trabalho), adaptados e rearranjados, com um toque erudito. Curiosamente, quando saiu em carreira solo, Prates teve como um de seus trabalhos a reforma das partituras de música brasileira do teatro Olympia, de Paris, onde Jorge gravaria um de seus álbuns mais tarde.

Não se sabe se Jorge teve acesso ao disco ou se conhecia o canto original, mas, de qualquer forma, foi essa gravação que permitiu que se soubesse que o trecho inicial era de um canto de terreiro.

---

172 "Nanã Imborô" pode ser ouvida em: <https://www.youtube.com/watch?v=9-l_8BurV_4>, acesso em: set. 2020.

O jornalista Itamar Dantas, que escreveu sobre a semelhança entre a faixa de Prates e "Mas que nada" em 2014, encontrou um canto de terreiro com um trecho com a mesma melodia, em uma gravação feita pelo fotógrafo e pesquisador francês Pierre Verger em 1958, registrada num disco que acompanha o livro *Casa de Oxumarê: os cânticos que encantaram Pierre Verger*. "Dá para perceber a melodia, que é repetida tanto em 'Nanã Imborô' como em 'Mas que nada'", observa Dantas[173].

Imborô, como explica o historiador e babalaô do culto de Ifá Luiz Antonio Simas, é uma corruptela de Imboroku (Nanã Buruku, a orixá da sabedoria e dos pântanos)[174]. Em sua música, no entanto, Ben não segue nem a pronúncia da gravação de Prates, nem a do canto registrado por Verger. O trecho que diz "Obá, Obá, Obá" já é parte da criação de Ben e parece referência à orixá Obá, senhora das águas doces revoltas. Obá anda ao lado de Nanã, por isso também tem controle sobre o barro e as enchentes.

Após o sucesso em compacto, "Mas que nada" foi lançada também em seu primeiro álbum, *Samba esquema novo*, que trazia outra faixa abordando o tema, "A tamba": "Desde que se foi / o nosso rei nagô / ninguém jamais fez samba / ninguém jamais cantou". Parece uma referência ao próprio tráfico

---

173 Entrevista à autora em setembro de 2020. Segundo Dantas em seu artigo de 2014, o disco *Tam... tam... tam...!* foi redescoberto pelos donos da loja Tropicália Discos, no Rio de Janeiro. De acordo com ele, Ed Motta foi o primeiro de que se tem notícia a mencionar a semelhança do verso com "Nanã Imborô". Cf. Itamar Dantas, "A história esquecida de José Prates", Álbum Itaú Cultural, 27 jan. 2014. À época da publicação deste livro, o site onde o artigo foi publicado constava como "em manutenção", porém o texto está arquivado na Wayback Machine, disponível em: <https://web.archive.org/web/20190126171940/http://albumitaucultural.org.br/secoes/a-historia-esquecida-de-jose-prates>, acesso em: set. 2020.

174 Entrevista à autora em setembro de 2020.

negreiro, já que muitos dos africanos escravizados que vieram ao Brasil eram do povo nagô ou iorubá, um dos grupos étnicos da Nigéria – sua cultura viria a trazer alguns dos elementos fundadores da cultura brasileira. Ressaltemos novamente que a imagem da nobreza africana se tornaria frequente em sua obra.

Por vezes, a abordagem é considerada subserviente ou ingênua, como em "Jeitão de preto velho" (de *Sacundin Ben samba*, 1964), em que o personagem principal é o padrinho de "sinhá", como eram chamadas as filhas de famílias brancas no Brasil escravagista. Porém, a aproximação de pessoas brancas também foi uma estratégia de sobrevivência para pessoas negras no Brasil no período da escravidão. Outra referência é "Maria Conga" (de *Big Ben*, 1965), em que a personagem está "vendendo aluá", bebida fermentada à base de farinha de milho ou de arroz e frutas, servida em festas de religiões de matriz africana.

As canções sobre personagens negros, belos, fortes e nobres, vão ocupando cada vez mais espaço na obra de Jorge Ben. "Criola" (de *Jorge Ben*, 1969) é "Uma linda dama negra / A rainha do samba / A mais bela da festa", é "o poder negro da beleza". Ela é nobre: "Filha de nobres africanos / Que pelo descuido geográfico / Nasceu no Brasil, num dia de carnaval". A canção seria uma referência à mãe do artista, que ora ele afirma ter nascido na Etiópia, ora no Brasil. A "nega" Tereza (em "Cadê Tereza", do mesmo álbum), sua namorada, torna-se personagem de diversas letras. Era Jorge cantando a beleza negra e o amor afrocentrado (ainda que, como já comentamos, a Tereza das músicas fosse a loura Domingas Terezinha, então sua namorada).

Em 1968, ele apresentou a música "Queremos guerra" no IV Festival da Canção. Apesar do nome, a guerra em questão era só contra a sogra. Jorge

Ben foi vaiado por encerrar a música fazendo o gesto do *"black power"* dos Panteras Negras norte-americanos, com o punho cerrado e erguido. Houve quem dissesse que o gesto tinha sido estratégia de seu empresário, chamando Jorge de apolítico. Mano Brown considera equivocada essa avaliação sobre o artista:

> O cara conhece o povo dele tão bem, e num momento de repressão o povo precisava um pouco de carinho, de música, e ele estava ali para fazer isso. Companheiro. Uma música companheira, não uma música doutrinária. Não de professor para aluno, mas de amigo para amigo, aluno pra aluno. Jorge Ben é isso. Cabeça erguida sem estar acima de ninguém. Os outros eram doutrinários. Tem que respeitar, tiveram coragem também, pagaram o preço deles por isso. E também tiveram os seus méritos por isso. Eu entendo que fazer política é falar com o povo. E ser compreendido. Jorge Ben fez política.[175]

Ao longo da história de nosso país, são recorrentes as cobranças do branco em relação ao comportamento do negro, sobretudo o que está em posição de destaque. Mano Brown observa que essa é mais uma faceta do racismo:

> O artista negro, ou o atleta negro, ou... O negro, em qualquer setor da sociedade, é cobrado porque ele é negro e ele tem que se posicionar como negro, fazer coisa de negro. Isso é racismo também. O negro tem que fazer coisas de negro porque ele é negro. E como é coisa de branco? Aí que começa o preconceito, me explica isso. Explica o que é coisa de preto e o que é que é coisa de branco.

---

175 Entrevista à autora em agosto de 2019.

Por mais que fosse acusado de alienado ou infantilizado, Jorge não negava o racismo. Não só abordava o tema em algumas de suas canções, como chegou a falar sobre ele em entrevistas. *O Pasquim*, por exemplo, sempre fazia perguntas sobre racismo a personalidades negras, pressionando-as a assumir um lado. Quando entrevistado pelo jornal em 1969, o artista não fugiu do tema: contou episódios que tinha vivido, como a vez em que foi barrado no Iate Clube, onde se apresentaria: "Os caras não me conheciam e quando eu fui entrar um diretor me barrou. Eu fui embora pra casa e depois foram lá me buscar"[176].

"Charles Jr." (de *Força bruta*, 1970) já aponta para um possível contato com o ativismo negro, especificamente o garveyismo. O personagem, que era o filho de "Charles Anjo 45", segundo Jorge, era o prenúncio de novos tempos: "Pois eu já não sou / O que foram os meus irmãos / Pois eu nasci de um ventre livre / Nasci de um ventre livre no século vinte / Eu tenho fé e o amor e a fé / No século vinte e um / Onde as conquistas científicas, espaciais, medicinais / E a confraternização dos povos / E a humildade de um rei / Serão as armas da vitória / Para a paz universal".

O disco seguinte, *Negro é lindo* (1971), trazia em seu título a tradução de uma das frases famosas da luta pelos direitos civis dos negros norte-americanos, "*black is beautiful*". Além da faixa-título, duas músicas exaltavam personagens negros: "Cassius Marcelo Clay" e "Zula". Cassius Marcellus Clay foi um político abolicionista; porém, a música é uma referência a Cassius Marcellus Clay Jr., batizado em homenagem ao político, ninguém menos que o pugilista norte-americano Muhammad Ali, que, além de um dos maiores atletas do esporte, foi importante ativista da causa negra nos Estados Unidos.

---

176 "Sou sensual mas não sou tarado", *O Pasquim, op. cit.*

A outra canção é uma homenagem à manequim Zula, uma das poucas modelos negras no Brasil de então, que chegou a desfilar para grifes internacionais em Paris: "Lá vem a nega na passarela", diz a música. Ela participou do hoje pouco conhecido filme *Uma nega chamada Tereza*, baseado na letra de "País tropical". Com roteiro e direção de Fernando Coni Campos, o filme trazia no elenco nomes como Antonio Pitanga, Pepita Rodrigues e o próprio Ben. Na história, a personagem principal, vivida pela atriz Maria Montini, se chama Makeba (homenagem à cantora sul-africana Miriam Makeba, símbolo da luta contra o racismo, que gravou versões de "Mas que nada" e "Xica da Silva", além de ter um registro ao vivo de "Chove chuva") e depois muda seu nome para Tereza[177]. O cantor e Zula posaram juntos para um editorial de moda do *Jornal do Brasil*, em 1969[178].

Quando surgiu de *black power* na capa de *Ben* (1972), Jorge parecia ainda mais encantado pela música negra norte-americana e exaltava dois personagens negros: "Fio Maravilha", o já citado jogador retratado como herói, e uma mulher, "Que nega é essa?". Nessa última, a letra diz: "Eu lhe darei um lindo vestido branco / Com véu e grinalda e flor de laranjeira / No dia mês e hora e na igreja que ela quiser". A mulher negra, frequentemente retratada de forma sexualizada, aquela que é a amante, aqui é a mulher com quem ele quer se casar.

Isso, já naquela época, ia contra a ideologia do embranquecimento da população, o que durante um tempo foi uma política, mas por décadas seguiu no imaginário brasileiro como um objetivo. Acreditava-se que, quanto mais as pessoas negras se

---

177 Sabe-se que há uma cópia restaurada na Cinemateca do Museu de Arte Moderna do Rio. Diz-se que o diretor renega o filme, por ter sido muito modificado pela censura e os produtores.

178 *Jornal do Brasil*, 30 ago. 1969.

relacionassem com pessoas brancas (e as pessoas brancas entre si), com o tempo a raça negra "desapareceria" do país. Nas últimas décadas, os movimentos negros brasileiros vêm defendendo o amor afrocentrado, ou seja, entre pessoas negras. Jorge Ben já valorizava esse encontro em suas músicas desde o início de sua carreira.

O máximo da radicalização em seu discurso aparece em "Zumbi". A letra da música já dava a ideia de libertação quando ela foi lançada em *A tábua de esmeralda*. Mas sua nova versão, "África Brasil (Zumbi)", no disco *África Brasil*, com vocal raivoso e guitarra alta, parece estar convocando todos os descendentes de africanos do Brasil para a revanche. A letra parece trazer características de Ogum para o personagem, já que Jorge se refere a ele como "o senhor das guerras", "o senhor das demandas". Luiz Antonio Simas explica:

> Demanda é guerra. Zumbi é o senhor das demandas, é o senhor da guerra, o senhor do combate. E, ao mesmo tempo, tem o sentido de lançar demanda para cima de você, que é colocá-lo numa situação de conflito. É muito comum, por exemplo, que se fale que Ogum é o "vencedor de demanda". Tem até um ponto de umbanda muito famoso: "Meu pai é Ogum / Vencedor de Demanda / Ele vem de Aruanda pra salvar filho de umbanda / Ogum, Ogum Yara / Salve os campos de batalha, salve as sereias do mar". É isso, a demanda é a batalha, é o confronto. Quebrar demanda é quebrar o conflito: alguém te colocou numa situação de conflito, mandou energia de conflito para cima de você, então você quebra isso.[179]

---

[179] Entrevista à autora em setembro de 2020.

Nascido em 1970, o rapper Mano Brown lembra que na favela do Capão Redondo, onde passou a vida, Jorge Ben era um dos modelos masculinos em quem os jovens se espelhavam, assim como James Brown – isso em um país onde o abandono paterno é frequente e 5,5 milhões de crianças não possuem sequer o nome do pai no registro civil[180]. Desde sua infância, os garotos mais velhos a quem ele e Ice Blue, também dos Racionais MC's, queriam imitar já falavam que Ben era "o cara". "Ouvir ele faz muito bem para a autoestima. Até hoje. Faz muito bem para a autoestima. Você se sente representado. Pertencimento", explica. Brown lembra que ele era uma referência de ídolo negro mais próximo, já que não podia entender a maioria dos artistas negros que admirava, pois não falavam português.

> A gente mora num país negro onde a maioria dos artistas (de sucesso) eram brancos. [...] O Jorge Ben sempre foi inspirador. Em vários momentos. Nem sempre só para poder trabalhar, só pra usar (como *sample*) ou cantar. Para ouvir e para viver, que é a melhor coisa. Quando eu passei a fazer música, passou a fazer parte da minha música também. Isso aí ia ser óbvio. Influência direta. Porque a gente escreve rap em português. Não tivemos aquela escola, a gente não teve acesso ao que os negros americanos falavam, a gente não sabe o que eles falavam. A gente imagina o que eles falavam. Mas o Jorge Ben, eu sei exatamente do que ele tá falando.[181]

---

180 Paula Andrade, "Averbação de paternidade é gratuita para todos, diz CNJ", Conselho Nacional de Justiça (CNJ), disponível em: <https://www.cnj.jus.br/averbacao-de-paternidade-e-gratuita-para-todos-diz-cnj/>, acesso em: jul. 2020.

181 Entrevista à autora em agosto de 2019.

Dois anos mais novo que Brown, BNegão recorda que a primeira música sobre um personagem negro que ouviu foi "Xica da Silva".

> O Brasil estava saindo da ditadura militar, naquela fase final, e os livros de história eram bizarros. Preto só aparecia ali para se dizer que teve escravo e, depois a abolição da escravidão, acabou. Só muito tempo depois eu fiquei sabendo que alguns nomes importantes eram pretos, que Machado de Assis era preto... Então você fica meio sem referência. E é por isso que tem muita referência de fora também. Na minha geração tem muita porque "nego" queria essa identificação da "pretitude". Para mim, o Jorge é o maior arquiteto do imaginário negro no Brasil.[182]

Por ser parte das primeiras gerações de estudantes negros cotistas, o professor Marcos Queiroz conta que se deparou, em sua formação – no Direito, particularmente, mas também cursando disciplinas de outros cursos –, com uma abordagem diversas vezes muito eurocêntrica para compreender o Brasil.

> Não só no conteúdo ou na forma de enxergar a história e a sociedade brasileira, mas também de achar que a escrita acadêmica, por meio de livros, das universidades, é a única forma de saber, de conhecimento pra acessar a realidade contemporânea ou passada. Eu sempre pensava: quando me tornar professor, não quero reproduzir isso, quero mostrar aos meus estudantes que há lá fora um mundo além de Frankfurt, Paris, Estados Unidos, há um mundo muito grande aqui no Brasil e que podemos compreender o Brasil,

---

[182] Entrevista à autora em setembro de 2020.

> nosso passado, quem somos, a partir de coisas de que gostamos também.[183]

Ele frisa a importância da autoinscrição de Ben como sujeito negro, ou seja, o fato de ele se colocar como figura negra em suas canções e falar a partir desse ponto de vista. E, além disso, descrever relações de violência e racismo de maneira direta e objetiva.

> A meu ver, num país que construiu a narrativa hegemônica da democracia racial, você se autoafirmar negro sempre foi algo muito difícil. Acho que o Lima Barreto inaugura esse lugar. A partir dele, vão surgindo outros nomes, na literatura, na própria música popular, o samba vai falando desse lugar de autoinscrição. Mas, muitas vezes, não articula a lógica do antagonismo. E aí está o que eu acho que é a grande sacada do Jorge, obviamente não em todas as músicas, inclusive ele vai dialogar muito com o imaginário da brasilidade hegemônica, mas ele vai abrir, primeiro, essa fala da autoinscrição negra e, ao mesmo tempo, a possibilidade, de maneira estratégica, de aqui e acolá estabelecer essas lógicas de antagonismo.

---

183 Entrevista à autora em agosto de 2020.

8

O LEGADO:
PALAVRAS DE REI

Vimos que Jorge Ben serviu de inspiração para seus contemporâneos, como os tropicalistas. Sua influência, porém, vem sendo perene nas décadas que se seguiram, e ele é frequentemente citado como inspiração por músicos de gerações mais novas. Uma busca por seu nome no *site* Who Sampled indica 93 *samples* e 108 *covers*[184].

O grupo norte-americano Black Eyed Peas usou trechos das músicas do artista diversas vezes. "Comanche", do disco *Negro é lindo*, foi sampleada na faixa "Falling Up". De *A tábua de esmeralda*, usaram samples de "Cinco minutos" em "Positivity" e de "O homem da gravata florida" em "A8". No Brasil, viria a influenciar uma geração inteira de artistas, dos Racionais MC's à Nação Zumbi, passando por Skank, O Rappa e Mundo Livre S/A.

---

[184] Cf. <https://www.whosampled.com/Jorge-Ben/>, acesso em: set. 2020.

Liderado pelos grupos Chico Science & Nação Zumbi (que depois da morte de Chico, em 1997, passou a se chamar só Nação Zumbi) e Mundo Livre S/A, o manguebeat, um dos mais importantes movimentos da música brasileira da década de 1990, assumidamente bebeu na fonte do alquimista. O guitarrista Lúcio Maia conta que Ben não apenas foi, mas continua sendo uma grande referência para sua banda. "Inclusive, em alguns poucos momentos da vida, a gente chegou a ser de certa forma criticado por ter muita influência do Jorge Ben. E eu não sei até que ponto isso tem sentido para mim, porque ele é uma influência no mundo todo, é muita gente influenciada por ele", analisa[185].

Lúcio lembra que Jorge já era uma referência muito forte para eles ainda no fim dos anos 1980, quando formavam a banda de rock Loustal, pré-Nação Zumbi. "Eu vi o *Tábua* como um disco da altura de um *Sgt. Pepper's*. A meu ver, acho que é um disco tão importante quanto, uma obra da música. E ficamos muito impactados com esse álbum, num grau muito grande. E aí a gente incorporou muito dentro de nossa música. Até que a gente conheceu o Mundo Livre", diz. "E, quando conhecemos os caras, o Fred [Zero Quatro, vocalista], ele é tipo a mais evidente força da influência do Jorge Ben, é muito visível. Nos identificamos de imediato com ele, então, quando foi surgindo aquele núcleo do manguebeat ali, o Jorge Ben era a base disso tudo."

Chico Science chegou a falar sobre a importância de *A tábua de esmeralda* em sua vida[186]. Na época de *Afrociberdelia* (1996), segundo disco da Nação, os integrantes da banda pernambucana, hoje já radicados em São Paulo há alguns anos, chegaram a morar no Rio. O CD do mítico álbum não parava de tocar. "Eu ouvia incansavelmente, *A tábua de*

---

185 Entrevista à autora em junho de 2019.

186 *Roda Viva*, op. cit.

esmeralda era a trilha da casa, praticamente", diz o vocalista Jorge du Peixe[187].

De tanto curtir a obra do compositor, eles resolveram tocar as músicas de Jorge em uma festa em Recife, chamada Uma Noite do Ben, sob o nome Los Sebosos Postizos. "Depois que o Chico faleceu, ficou um tempo difícil de se olhar, se levantar e fazer algo bacana de show. Aí começamos a fazer versões, quando voltamos a nos encontrar e a ficar a fim de tocar. A gente levou para o palco o que nos influenciou", lembra du Peixe. "O Los Sebosos foi uma espécie de materialização do subconsciente da gente, coletivo. Acho que todo mundo estava a fim de fazer", completa Lúcio Maia. O que começou de forma despretensiosa acabou rendendo diversos convites para se apresentar Brasil afora. O guitarrista explica:

> A gente percebeu que aquilo criou uma demanda, para os dois lados: do público e para a gente. Porque a gente percebeu que era um exercício absurdo artístico, sabe? Então, o que a gente começou a fazer? Pegar uma música que a gente considerava um superclássico e dar uma cara pessoal para aquilo. E aí tinha gente que gostava. Tinha gente que entendia. Então a gente: "Pô, que demais, vamos fazer mais". E continuou levando, mas sempre em tom de muita reverência, foi sempre uma questão de máximo respeito ao Jorge, e sempre exaltando esse momento da vida dele, que seria do *Samba esquema novo* até o *África Brasil*, de 1963 até 1976.

Seguiram adicionando altas doses de dub e maracatu ao repertório do mestre, que eles registraram em 2012, com 14 canções no CD e 11 no vinil. A

---

187 Entrevista à autora em setembro de 2019.

produção foi de Mario Caldato Jr., que trabalhou em discos de nomes como Beastie Boys, Jack Johnson, Marisa Monte e muitos outros. "Nessa corrida de vinte anos tocando a obra dele, passei a observar mais detalhes nas canções, nas produções. E sem dúvida tive que me adequar, claro, meu tom é mais baixo, os tons das versões originais são mais solares, o cara é um mestre do falsete, das harmonias intrincadas. Para mim, é um mago da música do Brasil, sem dúvida", derrete-se o vocalista.

Também foi de Caldato a produção da versão do Soulfly para "Umbabarauma", lançada no disco de estreia do grupo de Max Cavalera, em 1998, que contou com as participações de Lúcio Maia (na guitarra, creditado como Jackson Bandeira), Jorge du Peixe e Gilmar Bolla Oito (tamborim). As gravações aconteceram em Santa Mônica, na Califórnia. "Eu dei uma aplicada muito forte na galera, porque eu ainda estava ouvindo muito Jorge nesse período. Passava o dia escutando Jorge Ben nos Estados Unidos, no rancho onde a gente estava gravando, que era um estúdio dentro de um rancho", lembra Lúcio Maia.

A Nação Zumbi chegou a gravar uma música com a participação do próprio Jorge. O registro contou também com Fred Zero Quatro, Marcelo Falcão e Marcelo D2. "Malungo" saiu no disco *CSNZ* (1998). A Nação ainda teve a chance de tocar com Jorge, no Theatro Municipal do Rio de Janeiro. Eles apresentaram juntos "País tropical" na cerimônia do Prêmio Multishow em 5 de julho de 2005[188]. "Um dia antes, a gente foi passar o som. Ele pegou a guitarra e começou a fazer a levada dele. E eu fiquei prestando atenção e tentando fazer igual. E eu vou te falar que é um trabalho de vida, tem que levar uma vida toda para fazer aquilo. Muita gente pode achar que tipo: 'Ah, isso aí não é

---

188 Hugo Sukman, "Uma noite política", *O Globo*, 7 jul. 2005.

nada', e, velho, aquilo ali é tudo, entendeu? Aquilo ali é a história da música, essa mão direita dele é a história da música", diz Maia.

Ele lembra que, quando conheceu Mario Caldato Jr., no fim de 1995, durante a mixagem de *Afrociberdelia*, Ben era uma das poucas coisas que o produtor brasileiro criado nos Estados Unidos conhecia de nosso país. "A referência que ele tinha de música brasileira era [imita sotaque norte-americano] Jorge Ben. Ele falava que os Beastie Boys também piravam no Jorge Ben, todos ouviam[189]. Ele é uma unanimidade, cara. Simplesmente. A gente está falando dos Beastie Boys, grandes conhecedores de música, Mario Caldato, o cara tem uma coleção absurda de discos do mundo inteiro. Isso é o que tem de melhor, eu acho também", elogia.

O Planet Hemp foi outra banda dos anos 1990 formada por admiradores da música de Ben. O grupo cita "Zumbi" em "Dig dig dig (hempa)", faixa do álbum de estreia, o que contribuiu para apresentar a obra do artista para novas gerações. Marcelo D2, vocalista do grupo, conta que, se pudesse ser outra pessoa na música, seria justamente ele:

> Jorge Ben para mim é o cara. Se eu tivesse que escolher: "quem você gostaria de ser na música?". Jorge Ben (risos). O que ele fez com o samba é o que eu gostaria de fazer na minha vida, é a minha procura. Para mim, ele é o mais revolucionário da música brasileira.

---

[189] Os Beastie Boys dedicaram a Jorge Ben uma música do álbum instrumental *The Mix-Up* (2007). Intitulada em português, "Suco de tangerina" foi inspirada pela passagem da banda para shows no Brasil no ano anterior. Cf. Adriana Ferreira Silva, "Garotos tangerina", *Folha de S.Paulo*, 6 jul. 2007, *Ilustrada*, p. E1, disponível em: <https://www1.folha.uol.com.br/fsp/ilustrad/fq0607200708.htm>, acesso em: jul. 2020. [N.E.]

> É o cara quando a gente fala de guitarra no samba, ou da mudança do samba – eu sempre vi o samba como uma música mutável, o samba sempre andou para a frente. E o Jorge é quem mais representa essa mudança. Eu acho que o Cacique de Ramos teve uma coisa muito importante ali, quando entra tantã, repique e tal[190], mas, no contexto urbano, o Jorge Ben é o cara que mais representa isso. É quem melhor escreve sobre mulher nas músicas, a relação dele com a figura feminina... Digo isso levando em conta que todo mundo ama o que o Chico Buarque faz, né? "Xica da Silva" é desse álbum [*África Brasil*], né? O jeito que o Jorge cria, ninguém consegue fazer isso. Pega um texto que nem rima e dá um suingue. Parece que, se ele ler bula de remédio tocando violão, vai sair uma puta de uma música.[191]

Para D2, Jorge Ben consegue se destacar como compositor seja qual for o tema:

> Se você pegar alguns lugares, o Jorge é top 1 em quase todos. Músicas de futebol: Jorge Ben. Músicas sobre mulher: Jorge Ben. Músicas sobre não sei o que lá: Jorge Ben... Eu conversava sobre isso com o Chico Science. A frase é do Chico, mas serve para o Jorge: esse lugar dele de fazer música regional mas que seja universal. A música do Jorge, você sabe que é música brasileira em qualquer lugar do mundo, e ela soa bem em qualquer lugar do mundo. Ela conversa com a música africana, com a europeia, com a americana... Conversa com o blues

---

190 Músicos do bloco carnavalesco Cacique de Ramos, que viriam a formar o grupo Fundo de Quintal nos anos 1970, usavam instrumentos até então pouco comuns em rodas de samba, como o banjo (com braço de cavaquinho), o tantã e o repique de mão.

191 Entrevista à autora em setembro de 2020.

e o rock'n'roll negro americano, com música quase do mundo inteiro. Mas você olha: cara, não tem nada mais Brasil do que isso.

Samuel Rosa, do Skank, contou que em seus primeiros trabalhos a banda mineira também teve influência do compositor: "Passei a infância e a adolescência escutando Ben Jor no rádio, em bares e em momentos de celebração; minha identificação com sua música foi instantânea. Antes mesmo de aprender os solos de George Harrison, dos Beatles, já tentava imitar a batida de Ben Jor na minha primeira guitarra Giannini"[192].

Em seu disco de estreia, que saiu de forma independente em 1992 e foi relançado no ano seguinte pela Sony, a banda gravou uma versão de "Cadê o pênalti?", de Ben. Em "Siderado" (1998), registrou "Do Ben", parceria de Rosa e Marcelo Yuka (então integrante d'O Rappa) em homenagem ao ídolo: "Sua mão direita vale ouro / Que trouxe o novo som / Pra dividir com os outros / Simpatia gera simpatia / Alegria gera alegria", diz um trecho.

Yuka, por sinal, homenageou Jorge pelo menos duas outras vezes. Gravada no disco de estreia d'O Rappa, de 1994, que leva o nome da banda, a música "Brixton, Bronx ou Baixada", parceria com Nelson Meireles, diz: "Cada qual com seu James Brown / Salve o samba, hip hop, reggae ou carnaval / Cada qual com seu Jorge Ben / Salve o jazz, baião e os toques da macumba também". O álbum também traz uma versão de "Take It Easy My Brother Charles".

---

192   Samuel Rosa, "Já imitava Jorge Ben antes de aprender solos dos Beatles, diz Samuel Rosa", *Folha de S.Paulo*, 23 jun. 2018, disponível em: <https://www1.folha.uol.com.br/ilustrissima/2018/06/ja-imitava-jorge-ben-antes-de-aprender-solos-dos-beatles-diz-samuel-rosa.shtml>, acesso em: jun. 2020.

A canção-título de *Lado B Lado A* (1999), composta com Marcelo Falcão, diz: "No bê-a-bá da chapa quente / Eu sou mais o Jorge Ben / Tocando bem alto no meu walkman / Esperando o carnaval do ano que vem / Não sei se o ano vai ser do mal / Ou se vai ser do bem". Em entrevista em 2001, o músico e letrista, fundador d'O Rappa, falou de sua admiração pelo artista:

> O Jorge Ben, durante um certo tempo, ele foi um visionário. Ele pegou a coisa do samba com a influência do soul americano e começou a tocar o violão dele de uma maneira ímpar, a dividir as palavras e a melodia. Isso é Brasil, só que ele fez isso tão forte e isso era tão simples para a sofisticação da bossa nova da época que muita gente meteu o pau nele, assimilou as porradas e depois ele veio forte.[193]

Para BNegão, o artista foi a maior referência para boa parte da geração de artistas do rock brasileiro nos anos 1990. "Não vejo ninguém que chegue no grau de influência do Jorge no Brasil. Para a nossa geração, ele é como se fosse o João Gilberto para a outra", compara ele[194], que gravou "Meus filhos, meu tesouro" ao lado do baterista nigeriano Tony Allen (que foi da banda do lendário Fela Kuti) e da Abayomy Afrobeat Orquestra.

Ele acredita que a banda Moleque de Rua, de São Paulo, é uma espécie de "elo perdido" entre Jorge Ben e sua geração. Formado em 1983, o grupo usava instrumentos feitos pelos próprios integrantes com material encontrado em depósitos de lixo e tinha muita percussão. "Aquela música deles, 'O sósia', aquela clássica, 'o guarda era sósia do

---

193 "Jorge Ben: o pai do funk brasileiro", *Brazilian Music UpToDate*, disponível em: <http://www2.uol.com.br/uptodate/orappa/7/7.html>, acesso em: jun. 2020.

194 Entrevista à autora em setembro de 2020.

ladrão', é total Jorge Ben, a guitarra dela, a melodia do vocal. Aquilo influenciou muita gente da minha geração", defende.

A cantora Marisa Monte foi uma que ajudou a divulgar o repertório antigo de Jorge Ben para plateias mais jovens. Em 1994, ela gravou "Balança pema" (de *Samba esquema novo*, 1963) em seu disco *Verde, anil, amarelo, cor-de-rosa e carvão*. Em 2000, foi a vez de "Cinco minutos" (de *A tábua de esmeralda*, 1974, que ela registrou em *Memórias, crônicas e declarações de amor*). Em 2011, seu disco *O que você quer saber de verdade* trouxe uma versão de "Descalço no parque" (de *Ben é samba bom*, 1964). Marisa já chegou a brincar: "Tudo no Brasil termina em Jorge Ben Jor"[195].

Mano Brown é tão fã de Jorge que seu filho mais velho leva o nome do artista e sua filha leva o nome de uma música dele, Domenica. Ele sampleou "Frases" e "Dumingaz" em "Fim de semana no parque", do álbum *Raio X Brasil* (1993), dos Racionais MC's. Em *Sobrevivendo no inferno* (1997), disco seguinte do grupo e considerado o mais importante álbum de rap do Brasil, fez uma versão de "Jorge da Capadócia" que se tornou um novo clássico, com *sample* de "Ike's Rap II", de Isaac Hayes. A história por trás dessa regravação é digna de um alquimista. Ele conta que, por estar sempre ouvindo Jorge Ben no carro, "levou um refrão pra cama": dormiu com a canção na cabeça e sonhou com ela.

> Durante o sonho, eu vi a música em cima de um outro arranjo, um outro som que eu ouvia também, e as harmonias conversavam. Eu só fiz esse filtro dentro do meu sonho. Não quero

---

195 Marcelo Rubens Paiva, "Marisa Monte encanta no Palace", *Folha de S.Paulo*, 21 set. 1996, *Ilustrada*, pp. 4-8, disponível em: <https://www1.folha.uol.com.br/fsp/1996/9/21/ilustrada/22.html>, acesso em: set. 2020.

enfeitar aqui o negócio, colocar uma coisa sensacionalista, uma informação dessa, mas foi assim. Eu sonhei com a música, com o arranjo. Exatamente do jeito que tá no disco. De manhã, corri pra casa do meu amigo Marquinho Makossa, falei: "Mano, eu tive uma ideia, sonhei com um negócio". E ele: "Que que foi?". "Sonhei com essa música em cima do Isaac Hayes, aquele pedaço daquela música e pá." "É memo? Vamo!" Aí fez o *looping*. Na época, o meu amigo pegou uma fita cassete, cortou e colou. Fez um *looping*. Eu comecei a ensaiar o primeiro passo em cima do *looping* numa fita cassete. Porque a linha de baixo era muito próxima à linha de baixo da música "Jorge da Capadócia". E eu já não lembrava qual que era o arranjo, o arranjo verdadeiro dessa música. Mas esse baixo casava certinho com a parte cantada, entendeu? Igual... Aí: "Eu sonhei, vamo gravar", "Vamo". Simples assim. Que nem se faz um rap: sampleia e canta em cima.[196]

O grupo de rap também registrou "Abenção mamãe, abenção papai" (versão de "Charles Jr." gravada por Jorge em *Sonsual*, de 1985) no álbum ao vivo *1000 trutas, 1000 tretas*, de 2006, com participação do próprio Ben.

Em 2010, Brown participou de uma regravação de "Umbabarauma" que reuniu diversos nomes de gerações mais novas: Daniel Ganjaman e Zegon (produção), Gabriel Ben Menezes (coprodução, filho de Jorge Ben), Negresko Sis (Anelis Assumpção, Céu e Thalma de Freitas nos vocais de apoio), Duani Martins, Gustavo Da Lua e Pupillo (instrumentos). Ele participa com um rap, narrando o gol de seu time, o Santos. Ele conta que o fato de Jorge estar no projeto foi definitivo para que ele aceitasse.

---

196 Entrevista à autora em agosto de 2019.

Como os dois têm em comum a paixão pelo futebol, a sensação de realização foi ainda maior:

> Eu tinha um sonho de ver o Jorge Ben cantar uma música pro Santos. Falava: "Meu Deus do céu. Se eu conhecer ele, eu vou pedir pra ele". Eu era moleque e pensava nisso. "Vou pedir pra ele fazer uma música para o Santos." Aí tive a oportunidade de fazer uma música de um gol do Santos junto com ele (risos). Pô, realização de um sonho de moleque. Cantando uma música de quando eu era moleque, de quando eu ouvia mesmo as músicas. Tudo a ver. Uma das músicas mais felizes da minha vida, de satisfação pessoal mesmo.

Brown comenta como várias canções, de diferentes momentos da obra de Jorge Ben, foram marcantes em sua vida:

> É um cara que, igual ao James Brown, Marvin Gaye, e esses artistas muito grandes com uma obra muito grande, de tempos em tempos eles vêm em você. A música volta. Eu ouvi o Jorge Ben em várias épocas da minha vida, várias épocas da carreira dele. Eu lembro de muitas fases. Eu posso falar da minha adolescência, que eram aquelas músicas mais antigas dele. Falar da pré-adolescência, que já é ali de 1980, 1981, quando o som dele começou a mudar, foi para a guitarra. Foi quando eu vi ele na Rede Globo. Dali pra frente, eu já mais velho, ouvia tocar Jorge Ben na sessão do samba-rock no baile. Já era uma outra sensação. Mas sempre esteve presente. Nas rodas de samba, a gente cantava Jorge Ben. Quem soubesse cantar Jorge Ben num ritmo de samba ia bem (risos).

O rapper, que escreveu as letras daquele que é considerado o maior grupo de rap do Brasil, afirma que Jorge Ben influenciou totalmente sua escrita:

> Curto a sonoridade que ele toca, que ele tira, e curto também a forma como ele se expressa em palavras, como ele se dirige às pessoas, como ele se vê dentro da história. Sempre com a cabeça erguida, como se ele tivesse vendo tudo e todos, sem ser menor que ninguém, tipo aquele cara que ele fala na música: "sou um menino de inteligência mediana" e "não devo nada a ninguém"[197]. Era essa ideia que eu queria passar no meu rap.

Mano Brown frisa que o modo de cantar de Jorge Ben também norteou seu canto no disco solo, *Boogie naipe* (2016):

> A forma de cantar do Jorge Ben é a forma que eu cantei no *Boogie naipe*. Não com a mesma excelência, claro. Mas é aquilo lá que eu tentei. Tem muita coisa de Jorge Ben lá, aquele disco *Ogum Xangô*. Aquilo é um disco de blues. R&B, blues, soul, samba. África, Bahia, Rio de Janeiro, Mississippi. [...] "Carolina bela", que ele canta com o Toquinho, ele canta como se tivesse... parece seis horas da tarde em Meca. O Jorge Ben entra com aquela voz árabe no meio da música, sobrevoando assim, que arrepia. De onde vem aquilo? Qual herança, de raça, de onde veio isso? Aquele jeito de cantar. É África? É. Mas qual África? A África é tão grande.

Para ele, a influência de Jorge Ben em seu trabalho solo é escancarada e enorme. "É até covardia. Eu teria que pagar direitos autorais até morrer.

---

197 Versos de "País tropical".

Impagável. Tem muito de Jorge Ben dentro daquele disco. Mas muito. Tem mais Jorge Ben do que Brown. Verdade. Toda a abordagem", diz. "Por isso que eu fiz o *Boogie naipe*, pra poder ter espaço pra essa coisa que é muito ampla também, não dá para ficar espremido no canto do Racionais. Ancestralidade e conteúdo e essência. O rap é um súdito disso, o rap tem que tirar o chapéu para isso, e se prostrar para o Jorge Ben. Como um rei que passa, você tem que saudar ele, em respeito. Eu acho. E eu não sou absolutista."

Gilberto Gil, Mano Brown, Chico Science e Nação Zumbi: todos tiveram Jorge Ben como farol. O tropicalismo, o rap nacional e o mangue beat, três das mais importantes expressões musicais do nosso país, beberam na fonte do alquimista. Se não fosse Jorge Lima Menezes, o Babulina do Rio Comprido, a história da música brasileira certamente seria outra.

Ficha técnica
do disco

Músicos que participaram na gravação
Bateria "África Brasil (Zumbi)": Pedrinho
Baixo: Dadi
Guitarra solo, guitarra centro e phase guitar: Jorge Ben
Piano: João "Bum"
Teclados: José Roberto Bertrami
Surdo: Luna
Cuíca: Neném
Percussão: Gustavo, Joãozinho, Canegal e Doutor
Tumbas, congas, atabaques e "dono da casa":
Djalma Corrêa, Hermes e Ariovaldo
Timbales: Wilson das Neves e Joãozinho
Arregimentador: Zezinho
Piston: Darcy
Piston com Barcus Berry: Marcio Montarroyos
Sax e flauta: José Carlos (Bigorna)
Sax: Oberdan
Vocal: Regina, Evinha, Claudinha, Marisa e Waldir
Arranjos de base: Jorge Ben
Arranjos de orquestra: José Roberto Bertrami
Arranjos de vocal: Mazzola

LP

Lado A

1.	Ponta de lança africano (Umbabarauma)	3:58
2.	Hermes Trismegisto escreveu	3:04
3.	O filósofo	3:30
4.	Meus filhos, meu tesouro	3:53
5.	O plebeu	3:18
6.	Taj Mahal	3:10

Lado B

1.	Xica da Silva	4:00
2.	A história de Jorge	3:53
3.	Camisa 10 da Gávea	4:18
4.	Cavaleiro do cavalo imaculado	4:43
5.	África Brasil (Zumbi)	3:48

Todas as músicas de autoria de Jorge Ben

Ficha técnica
Direção de produção e estúdio: Mazzola
Técnicos de gravação: Ary Carvalhaes, Luigi Hoffer, Paulo Sérgio "Chocô" e João Moreira
Auxiliar de estúdio: Rafael Azulay
Técnico de mixagem: Mazzola
Estúdio: Phonogram 16 canais
Capa: Aldo Luiz
Arte-final: Jorge Vianna
Fotos: Orlando Abrunhosa

BIBLIOGRAFIA

ALEXANDRE, Ricardo. *"Nem vem que não tem": a vida e o veneno de Wilson Simonal.* São Paulo: Globo Livros, 2009.

CARVALHO, Dadi. *Meu caminho é chão e céu.* Rio de Janeiro: Record, 2014.

FREYRE, Gilberto. *Casa-grande & senzala.* São Paulo: Global, 2003.

GILROY, Paul. *O Atlântico negro: modernidade e dupla consciência.* São Paulo: Editora 34, 2008.

JUNIOR, Luis Carlos de Moraes. *O sol nasceu para todos: a história secreta do samba.* Rio de Janeiro: Litteris, 2011.

LEE, Rita. *Rita Lee: uma autobiografia.* São Paulo: Globo Livros, 2016.

MAZZOLA, Marco. *Ouvindo estrelas.* São Paulo: Planeta, 2007.

MELLO, Zuza Homem de. *A era dos festivais: uma parábola*. São Paulo: Editora 34, 2003.

MIDANI, André. *Do vinil ao download*. Rio de Janeiro: Nova Fronteira, 2015.

MOORE, Carlos. *Racismo & sociedade: novas bases epistemológicas para entender o racismo*. 2ª ed. Belo Horizonte: Nandyala, 2012.

MOTTA, Nelson. *Vale tudo: o som e a fúria de Tim Maia*. Rio de Janeiro: Objetiva, 2007.

NASCIMENTO, Alam D'Ávila do. *"Para animar a festa": a música de Jorge Ben Jor*. Dissertação (mestrado em música). Campinas: Unicamp, 2008.

REIS, Alexandre. *"Eu quero ver quando Zumbi chegar": negritude, política e relações raciais na obra de Jorge Ben (1963-1976)*. Dissertação (mestrado em história). Niterói: UFF, 2014.

REZENDE, Renato Santoro. *Jorge Ben: um negro na MPB nas décadas de 1960-1970*. Dissertação (mestrado em música). Rio de Janeiro: Uni-Rio, 2012.

SANCHES, Pedro Alexandre. *Tropicalismo: decadência bonita do samba*. São Paulo: Boitempo, 2000.

SILVA, Paulo da Costa e. *A tábua de esmeralda e a pequena renascença de Jorge Ben*. Rio de Janeiro: Cobogó, 2014.

STEWART, Rod. *Rod: a autobiografia*. São Paulo: Globo Livros, 2013.

VELOSO, Caetano. *Verdade tropical*. 3ª ed. São Paulo: Companhia das Letras, 2017.

SOBRE A AUTORA

Nascida no Rio de Janeiro, Kamille Viola é jornalista e pesquisadora musical, com passagens e colaborações por veículos como *O Globo*, *O Estado de S. Paulo*, *Folha de S.Paulo*, *O Dia*, *Billboard Brasil*, *Bizz*, *Marie Claire*, *UOL*, canal *Futura* e *News Deeply*. Ganhou o Prêmio Imprensa Embratel 2009, na categoria Jornalismo Cultural, e o Prêmio Petrobras de Jornalismo 2014, na categoria Reportagem Cultural - Regional Rio de Janeiro/Espírito Santo. Com o lançamento em formato digital deste *África Brasil: um dia Jorge Ben voou para toda a gente ver*, foi finalista do Prêmio Jabuti 2021, na categoria Artes.

Este livro também está disponível em formato ePub.
Saiba mais no site das Edições Sesc: <http://bit.ly/africa_brasil>.

Fonte	*Sabon LT 10,5/12,5 pt*
	Fakt 14/20 pt
Papel	*Pólen natural 80 g/m²*
Impressão	*Hawaii gráfica e editora*
Data	*Agosto 2022*

MISTO
Papel produzido a partir de fontes responsáveis
FSC® C100700